4.ª edición

Didáctica de las Ciencias Experimentales II

Prácticas de laboratorio

(Coord.)
FRANCISCO GONZÁLEZ GARCÍA
PROFESOR TITULAR DE LA UNIVERSIDAD DE GRANADA

4.ª edición

Didáctica de las Ciencias Experimentales II

Prácticas de laboratorio

EDICIONES PIRÁMIDE

Primera edición: febrero, 2018
Cuarta edición: enero, 2025
Reimpresión: febrero, 2026

© Francisco González García (Coord.), 2026
© Director: Francisco J. Labrador, 2026
© Ediciones Pirámide (Grupo Anaya, S. A.), 2026
Valentín Beato, 21. 28037 Madrid
Teléfono: 91 393 89 89
www.edicionespiramide.es

PAPEL DE FIBRA
CERTIFICADA

Depósito legal: M. 22.988-2024
ISBN: 978-84-368-5017-8
Printed in Spain

Relación de autores

Francisco González García (coord.)
Doctor en Ciencias Biológicas y licenciado en Ciencias Políticas y Sociología.

Sergio David Barón López
Doctor en Genética y Evolución.

Alicia Fernández Oliveras
Doctora en Ciencias Físicas y Diplomada en Óptica.

María del Pilar Jiménez Tejada
Doctora en Didáctica de las Ciencias Experimentales.

Sila Pla Pueyo
Doctora en Ciencias de la Tierra.

Susana Rams Sánchez
Doctora en Ciencias Biológicas.

María del Carmen Romero López
Doctora en Farmacia.

Luis Ruiz Rodríguez
Doctor en Ciencias Biológicas.

Mercedes Vázquez Vílchez
Doctora en Ciencias de la Tierra.

Índice

Introducción 11

1. **Observaciones con lupa binocular** 13

    1.1. Introducción 15
    1.2. Partes de una lupa binocular y sus elementos constituyentes 15
    1.3. Aumento, campo visual y poder resolutivo 17
    Práctica número 1 – Actividades (1.1. a 1.7.) 21

2. **Observaciones con microscopio óptico** 31

    2.1. Partes y elementos constituyentes de un microscopio óptico 33
    2.2. Normas básicas de manipulación del microscopio óptico 34
    Práctica número 2 – Actividades (2.1. a 2.8.) 37

3. **Manejo de tablas de composición nutricional de alimentos** 47

    3.1. La importancia de los nutrientes 49
    3.2. Los macronutrientes 50
    3.3. Las necesidades de energía 51
    3.4. Las tablas de composición nutricional 52
    3.5. La dieta saludable 53
    Práctica número 3 – Actividades (3.1. a 3.7.) 55

4. **Diseño y utilización de claves dicotómicas** 65

    4.1. ¿Qué es una clave dicotómica? 67
    4.2. Representación de las claves dicotómicas 68
    Práctica número 4 – Actividades (4.1. a 4.7.) 69

5. **Fósiles y evolución en la escala de tiempo geológico** 81

    5.1. ¿Qué es un fósil? 83
    5.2. ¿Cómo se puede formar un fósil? 83
    5.3. ¿Para qué sirven los fósiles? 84
    5.4. El tiempo geológico y la historia de la vida 84

5.5. Tabla de sucesos biológicos y fósiles destacados de cada período geológico 86
Práctica número 5 – Actividades (5.1. a 5.5.) 87

6. Interpretación didáctica de conceptos de Ecología 97

6.1. Componentes básicos de un ecosistema 99
6.2. Muestreo de especies 99
Práctica número 6 – Actividades (6.1. a 6.8.) 101

© Ediciones Pirámide

Introducción

El presente *Cuaderno de Prácticas,* **en su cuarta edición,** complementa al texto de teoría *Didáctica de las Ciencias para Educación Primaria, II. Ciencias de la Vida* y, al igual que en las anteriores, se dirige a los estudiantes del grado de Educación Primaria que adquirieron conocimientos básicos de Ciencias de la Vida varios años atrás, durante sus estudios de secundaria. Sin embargo, hemos de destacar una doble diferencia en cuanto a que se trata de un cuaderno de prácticas.

En primer lugar, presentamos un conjunto de prácticas seleccionadas entre las múltiples actividades que podrían presentarse, pues es obvio que este cuaderno no pretende ser exhaustivo, ni cubrir todos los contenidos básicos que podría impartir y debería conocer un maestro de primaria en formación. Existen múltiples textos de prácticas de laboratorio, disponibles en formatos diversos, que presentan otras actividades, en función de diferentes disponibilidades de tiempo y materiales.

En segundo lugar, y justificando la propia elección realizada y presentada, hay que recordar que los estudiantes que van a realizar estas prácticas pueden consultar, repasar y releer toda la teoría de muchas formas; pero probablemente *nunca* hayan realizado prácticas de laboratorio ni en sus estudios primarios ni en sus estudios de secundaria y bachillerato, pues uno de los grandes defectos de la enseñanza de las Ciencias es la ausencia de actividades prácticas. En muchos centros escolares de Educación Primaria, el laboratorio de Ciencias no «se pisa», cuando no es que ha desaparecido.

Es por ello que presentamos un conjunto de actividades prácticas que quizá puedan considerarse muy elementales, pero se justifican por la formación básica de los estudiantes de grado a los que van dirigidas, y por otra parte pretendemos ilustrar que su reproducción o traslación a un aula de primaria no es un imposible a conseguir. *Todas las prácticas se han revisado respecto a ediciones previas, mejorándose en lo posible para una mejor comprensión y orden en los trabajos propuestos.*

Las prácticas 1 y 2 trabajan con las herramientas más características del laboratorio de Ciencias Naturales, la lupa binocular y el microscopio óptico. La tecnología actual permite contar con lupas binoculares que pueden ser utilizadas como microscopios de bajos aumentos y son de fácil manejo para menores de 9 años. Sin embargo, constatamos que nuestros alumnos de universidad no los han usado ni en el bachillerato. Reiteramos la necesidad de su manejo en todas las aulas de primaria. Ninguna imagen de vídeo ni de Internet sustituye la fascinación que para un niño o niña supone enfocar con sus propias manos y ver con sus ojos pegados a los binoculares una muestra que puede manipular personalmente.

La práctica 3 aborda el importante tema de la nutrición y la dieta saludable, tan esencial en la infancia, a la vez que permite adquirir la habilidad de manejar fuentes de información sobre alimentos, conocer por elaboración propia las características de nuestra dieta y manejar información numérica diversa, en un afán de conectar la competencia científica con la matemática. Esta conexión entre Ciencias y Matemáticas también se produce en la práctica 6.

Las prácticas 4 y 5 abordan la temática de la diversidad de las formas de vida. En la práctica 4, se desarrolla la elaboración de claves dicotómicas como elemento esencial para poder reconocer la enorme diversidad morfológica natural, a la vez que se trabaja con un procedimiento básico en las Ciencias Naturales como es la clasificación. En la práctica 5, revisada en profundidad, ampliamos la diversidad de formas vivas no solo a las actualmente existentes, sino también a las ya extintas o desaparecidas. El estudio de los fósiles permite trabajar conceptos como el tiempo, en su dimensión de tiempo geológico y el cambio evolutivo en los seres vivos.

En la práctica 6 se desarrollan conceptos ecológicos esenciales tanto desde la perspectiva de la reflexión sobre las múltiples interacciones ecológicas, aun en sus formas más sencillas como son las cadenas tróficas, como en aspectos cuantitativos, que conectan con el uso de los números en la Ecología, al reproducir de forma básica las técnicas de muestreo de campo.

Hemos de mencionar que, junto a la conexión con el área de Matemáticas, también prestamos atención a la relación con el área de la Educación Artística, puesto que el estudiante debe ilustrar este cuaderno con sus observaciones en varias ocasiones. No se nos debe olvidar desarrollar también esta capacidad.

En cada una de las prácticas se sigue una estructura similar:

— Se inicia con una descripción de los objetivos de la sesión y de las dificultades más comunes que la experiencia nos muestra en su realización.
— Se enumeran los materiales necesarios para su desarrollo.
— Se repasan brevemente los contenidos teóricos que fundamentan la actividad práctica.
— Se realizan un conjunto de preguntas previas a la práctica que deben responderse tras consultar este cuaderno y/o el libro de texto de teoría en aquellos temas que tienen relación con la práctica. Con esto, se pretende conectar ambas partes de la asignatura.
— Se plantea el conjunto de actividades a realizar durante la propia práctica. El cuaderno recoge el espacio suficiente para poder responder en sus páginas.

Sin duda, este cuaderno se convertirá en un útil registro de los aprendizajes sobre la materia, tanto para el alumnado como para el profesorado implicados.

Observaciones con lupa binocular

1

Objetivos de la práctica

— Conocer las partes que componen una lupa binocular.
— Familiarizarse con el uso y el cuidado de la lupa binocular.
— Determinar el campo visual en una lupa binocular.
— Realizar observaciones y hacer registros de preparaciones de células eucariotas: protoctistas, fúngicas, vegetales y animales.
— Apreciar el alcance y las limitaciones de las lupas binoculares como instrumentos para el estudio de la estructura básica de la célula.
— Valorar las distintas aplicaciones educativas y didácticas de las lupas binoculares en la actualidad.
— Comprender las diferencias básicas existentes entre el microscopio óptico y la lupa binocular, sus ventajas e inconvenientes en el contexto de la Educación Primaria.

Dificultades más frecuentes

— Problemas en la manipulación del instrumento y de las muestras.
— Confusión en la interpretación de los conceptos de campo visual y tamaño de imagen.
— Dificultades en el enfoque, sobre todo en los casos en que el campo visual es menor.
— Dificultades en la identificación de las estructuras observadas.

MATERIALES NECESARIOS

Material propio del alumno/a
— Guion de prácticas. — Bolígrafo, lápiz, goma de borrar. — Regla milimetrada transparente. — Lápices de colores.

Material para la mesa del profesor/a	
— 1 recipiente para desechar vidrio roto. — 1 bisturí con hojas de recambio. — 1 caja de portas y cubres. — 4 pipetas Pasteur de plástico. — 4 pinzas de punta fina. — 1 gotero de azul de metileno. — 1 gotero de povidona yodada. — 1 bote de alcohol. — 1 bote de agua con difusor. — 1 paquete de algodón en discos. — 1 rollo de papel para limpiar.	Muestras frescas: — Moho de pan o de fruta. — Champiñones maduros. — Tapiz de musgo. — Pólenes. — Patatas. — Margaritas maduras. — Hojas de *Tradescantia pallida*. — Larvas de mosquito. — Sesos de cordero.

Material para cada puesto del alumno/a
— Lupas binoculares. — 2 placas de Petri pequeñas con recortes de papel: con texto y milimetrado. — 1 placa de Petri con arena de playa (origen: Cancún, México). — 1 placa de Petri con arena de playa (origen: Motril, España). — 1 placa de Petri con cristales de sal. — 1 placa de Petri con preparaciones permanentes de muestras animales: ojo de insecto, aparato bucal de mosquitos macho y hembra, aparato bucal de mariposa y ala de mariposa. — 1 placa de Petri con preparaciones permanentes de muestras vegetales: raíz, tallo y hoja de los dos tipos de fanerógamas (monocotiledóneas y dicotiledóneas). — 2 plumas de aves. — Hojas de *Tradescantia pallida*.

1.1. INTRODUCCIÓN

Las lupas binoculares y los microscopios ópticos son instrumentos que proporcionan una imagen aumentada de un objeto cercano. Se encuentran entre los instrumentos más peculiares del laboratorio de Ciencias Naturales. El hecho de que permitan observar estructuras que a simple vista son invisibles, los convierte en un excelente medio para fomentar la curiosidad y el interés del alumnado por las ciencias y por la tecnología.

La lupa binocular, también denominada *estereomicroscopio,* es apropiada para observar elementos relativamente grandes, sin que sea necesario modificarlos previamente. En cambio, el microscopio se emplea para observar elementos más pequeños, siendo necesario casi siempre un procesado previo para que las muestras sean adecuadamente atravesadas por la luz y en ellas se puedan distinguir estructuras de interés. Generalmente, este procesado incluye laminación y/o tinción.

La imagen que observamos con la lupa binocular tiene la misma orientación que el objeto, es decir, la imagen se ve derecha, mientras que la imagen que observamos con el microscopio aparece boca abajo, girada o invertida.

En el microscopio, la luz incide en el objeto desde abajo y la imagen que observamos se forma a partir de la luz transmitida por dicho objeto, por lo que el sistema de iluminación se denomina de «iluminación por transmisión». En la lupa binocular, la luz también puede incidir sobre el objeto desde arriba, y la imagen que observamos se forma a partir de la luz reflejada por dicho objeto, lo que recibe el nombre de sistema de «iluminación por reflexión».

Los microscopios suelen tener varios objetivos de aumentos diferentes para poder observar las muestras con distinto nivel de detalle. El conjunto de objetivos se encuentra situado sobre una parte giratoria denominada *revólver,* que accionándola se puede escoger el objetivo que se desee en cada momento. Las lupas binoculares también pueden estar dotadas de un sistema cambiador de objetivos que permite observar la muestra en un rango de aumentos variable, pero este es generalmente menor que el de un microscopio. Al tener menor aumento, con la lupa se abarca un campo visual más amplio que con el microscopio.

1.2. PARTES DE UNA LUPA BINOCULAR Y SUS ELEMENTOS CONSTITUYENTES

La lupa binocular está formada por una parte mecánica, una parte óptica y un sistema de iluminación.

— **Parte mecánica:** consta de los elementos que se detallan a continuación.

- *Base:* pie o soporte basal de la lupa.
- *Platina:* es el lugar donde se coloca la muestra a observar. Pueden utilizarse platinas de materiales opacos o transparentes y de distintos colores para conseguir efectos particulares, como por ejemplo aumentar el contraste.
- *Pinzas:* se utilizan en ocasiones para sujetar la muestra.
- *Columna:* unida a la base de la lupa, es una barra soporte que constituye el eje donde se articulan el resto de los componentes.

- *Cuerpo de la lupa:* contiene su parte óptica de la lupa y puede desplazarse verticalmente para que el objeto observado quede enfocado. Esta operación se denomina *enfocar* y se lleva a cabo con un tornillo lateral (mando de enfoque).
- *Anillo de sujeción:* se utiliza para fijar el cuerpo de la lupa a la columna unida a la base. Mediante un tornillo trasero se puede modificar la altura del sistema óptico en la barra soporte con movimientos más groseros que los del enfoque. Es importante no confundir este tornillo trasero con el tornillo lateral de enfoque.
- *Mando de enfoque:* está constituido por un tornillo lateral que desliza el cuerpo de la lupa a lo largo de la columna, lo que permite realizar movimientos suaves descendentes y ascendentes para lograr el mejor enfoque.

— **Parte óptica:** en los modelos convencionales de lupa que usaremos, consta de cuatro sistemas de lentes; los dos más próximos a los ojos del observador se llaman *oculares* y los dos más próximos al objeto observado se denominan *objetivos,* de ahí sus respectivos nombres. Se llama lupa binocular por tener dos lentes oculares para observar el objeto con los dos ojos a la vez. Esto permite tener una imagen del objeto en relieve: es lo que se llama *visión estereoscópica.* Este efecto se debe a que los dos ojos observan los objetos con ángulos ligeramente distintos y se denomina *estereopsis* (a partir de dos imágenes ligeramente diferentes del mundo físico, proyectadas en la retina de cada ojo, el cerebro es capaz de recomponer una imagen tridimensional). Por ello, con dos oculares es más cómodo evaluar distancias entre objetos y manipularlos. También es más fácil juzgar y seguir objetos en movimiento.

Los oculares están insertados en dos tubos cortos. Uno de ellos suele presentar un anillo para corregir la diferencia de visión que tengamos en nuestros ojos. Los cuerpos de los oculares contienen unos prismas inversores que dirigen las imágenes a nuestros ojos y pueden girar a derecha e izquierda para que su separación coincida con la separación de nuestros ojos.

Mientras que ambos oculares se usan a la vez, los dos objetivos de la lupa se usan de forma alternativa. Es decir, para cada observación se escoge uno de los dos objetivos girando el sistema rotatorio en el que se albergan. El objetivo, situado más próximo a donde se coloca el objeto que se desea estudiar, se encarga de proporcionar una imagen ampliada de dicho objeto. A continuación, el ocular se encarga de enfocar la imagen producida por el objetivo sobre el ojo humano. Tanto en el ocular como en el conjunto de objetivos, se encuentra impreso un número seguido de una «x», que indica el aumento que proporciona el sistema de lentes. Por ejemplo, un objetivo de 2x forma una imagen donde los elementos tienen un tamaño 2 veces mayor que en la muestra original, y un ocular de 10x amplifica 10 veces esa imagen producida por el objetivo.

— **Sistema de iluminación:** en las lupas binoculares generalmente nos encontramos un sistema sencillo de iluminación por luz reflejada. También existen modelos con un sistema doble de iluminación, de tal manera que podemos alternar, y en ocasiones combinar, una imagen obtenida con luz que incide sobre el objeto desde arriba (luz reflejada) con otra imagen obtenida con luz que incide desde abajo (luz transmitida).

El *proceso de enfoque* en la lupa debe hacerse *siempre de abajo hacia arriba,* pues en vez de desplazar la platina como en el caso del microscopio, se desplaza el sistema óptico. Además, como la lupa es binocular, hay que ajustar la separación horizontal de los oculares a la distancia que exista entre los ojos del usuario. En primer lugar, se escoge el objetivo de menor aumento. Mirando lateralmente (no por los oculares), se actúa sobre el mando de enfoque (tornillo lateral) para bajar el sistema óptico lo máximo posible hasta casi tocar el objeto. Mirando por los oculares, se va subiendo el sistema lentamente con dicho tornillo hasta conseguir observar una imagen nítida. Se repite el proceso con el objetivo de siguiente aumento.

En el proceso de enfoque con la lupa hay que tener la precaución de no confundir el mando de enfoque (tornillo lateral) con el tornillo de sujeción (trasero) que fija el sistema óptico a la barra soporte. Al ser más bruscos los movimientos de este último tornillo, si se actúa sobre él sin sujetar el cuerpo de la lupa, este podría desplomarse sobre la base, con el riesgo de que se dañen los componentes ópticos, además de las muestras colocadas en la platina.

1.3. AUMENTO, CAMPO VISUAL Y PODER RESOLUTIVO

Las lupas binoculares y los microscopios son instrumentos diseñados para observar detalles de objetos cercanos, y sus características deben adaptarse a las particularidades de las muestras que desean observarse. Entonces, ¿en qué características debemos fijarnos? Entre las características esenciales de estos aparatos figuran:

— **Aumento total:** es la amplificación que proporciona el instrumento, es decir, la relación entre el tamaño de los elementos que observamos en la imagen final y el tamaño original que tienen dichos elementos en el objeto de estudio. Para obtener el aumento total se multiplica el aumento del ocular por el del objetivo. Por ejemplo, con un ocular de 10x y un objetivo de 40x el aumento total de un microscopio sería: $10 \times 40 = 400$, lo cual significa que en la imagen final los elementos que se observan son 400 veces mayores de lo que son en el objeto. Las lupas que vas a utilizar forman una imagen de un tamaño 20 o 40 veces mayor que el objeto que observas.
— **Campo visual o campo de visión:** es la porción de la imagen que vemos cuando miramos a través del ocular. Cuanto mayor es el aumento de la imagen, menor es el campo que observamos. Así, si giramos el revólver de los objetivos de forma que obtengamos cada vez un aumento mayor, comprobaremos que el campo visual se va reduciendo. La medida del diámetro del campo de visión es importante porque con este dato podremos saber con cada objetivo, de forma aproximada, cuál es el tamaño de los objetos que observamos.

Para distinguir los conceptos de campo visual y tamaño de imagen, que suelen confundirse con frecuencia, puede hacerse el ejercicio siguiente: tomamos un folio con texto y lo observamos a través del microscopio cambiando de objetivo, de manera que obtengamos cada vez un aumento mayor. Comprobaremos que progresivamente podemos leer menos parte del texto, pues disminuye el campo visual, mientras que las letras que lo componen son cada vez de mayor tamaño, pues aumenta el tamaño de la imagen observada.

— **Poder resolutivo o poder de resolución:** es la capacidad que tiene el microscopio para separar dos puntos adyacentes del objeto de estudio y hacer que podamos distinguirlos en la imagen que observamos. El valor del poder resolutivo es, por definición, el inverso de la distancia mínima que debe existir entre dos puntos del objeto para que se visualicen separados al observarlos a través del microscopio (distancia mínima o límite de resolución). Si la separación entre dos puntos del objeto es mayor o igual a la distancia mínima, se visualizarán dos puntos diferenciados en la imagen que nos da el microscopio. Pero si tomamos dos puntos del objeto más próximos entre sí, se verán superpuestos como un único punto deformado en la imagen que nos da el microscopio.

$$\text{Poder resolutivo} = \frac{1}{\text{Distancia mínima necesaria para que dos puntos se vean separados}}$$

El desarrollo de la Biología celular se produce de forma paralela a la invención y el perfeccionamiento de instrumentos de observación y de técnicas biofísicas y bioquímicas. El acceso a este tipo de conocimiento resulta complicado, pues las células son transparentes y pequeñas, por lo que no pueden observarse a simple vista. Aunque depende de muchos factores, como el nivel de iluminación, en teoría el ojo humano solo puede distinguir dos puntos separados por al menos 0,2 mm (= 200 μm). La mayoría de las células son mucho más pequeñas, y por eso se necesitan instrumentos de observación que tengan un mayor poder resolutivo, como el microscopio óptico. En él, el límite de resolución o distancia mínima que debe existir entre dos puntos para que se visualicen separados es de 0,2 μm (= 200 nm), es decir, 1.000 veces mayor que el teórico del ojo humano. Para observar estructuras más pequeñas, que midan entre 0,1 y 200 nm, se requiere del uso de un microscopio electrónico. Recordemos que un nanómetro (nm) es la milésima parte de una micra (μm) o lo que es igual, la milmillonésima parte de un metro: 1 nm = 0,001 μm; 1 μm = 0,001 mm.

Para que puedan ser observadas con microscopio, las muestras deben ser muy finas, para que la luz pueda atravesarlas. En el caso de los tejidos biológicos, además, para que puedan distinguirse las células que los constituyen, en la mayoría de las ocasiones es necesario recurrir a técnicas biofísicas y bioquímicas. Las muestras tratadas especialmente para su observación con el microscopio óptico se denominan «preparaciones». Si se quieren conservar en el tiempo para convertirlas en «preparaciones permanentes», su proceso de elaboración tiene las siguientes etapas: corte, fijación, tinción y montaje. Existen multitud de variantes en estos procesos.

También hay que tener en cuenta que los colores que mayoritariamente se observan en las preparaciones no son los colores originales del tejido, sino que dependen de los colorantes que se hayan empleado en el proceso de tinción. Así, a partir de un mismo tejido, pueden hacerse varias preparaciones con distintas tinciones en las que las estructuras se hagan visibles con colores diferentes. Entre los colorantes más frecuentes en Citología e Histología se encuentran los siguientes: azul de metileno, eosina, cristal violeta, safranina, tinta china, fucsina ácida, rojo Congo, hematoxilina, lugol, negro Sudán, verde de malaquita, etc.

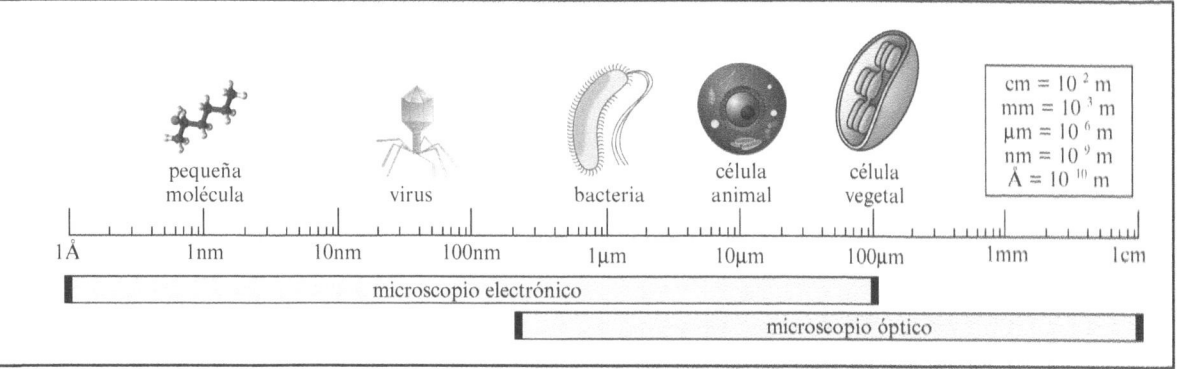

Escala comparativa de distintos niveles de organización a nivel microscópico.

PRÁCTICA NÚMERO 1 – ACTIVIDADES

OBSERVACIONES CON LUPA BINOCULAR

Alumnolals:

Profesorla: _____

Calificación y comentarios:

ACTIVIDAD 1.1. PREVIA

Indica la diferencia fundamental que existe entre los siguientes instrumentos que permiten ver objetos con mucho más detalle que a simple vista:

— microscopio y telescopio;
— lupa binocular y prismáticos;
— prismáticos y telescopio.

	La diferencia fundamental es:
Microscopio *vs.* telescopio	
Lupa binocular *vs.* prismáticos	
Prismáticos *vs.* telescopio	

ACTIVIDAD 1.2.   PREVIA

¿Cuáles son las diferencias fundamentales que existen entre la lupa binocular y el microscopio óptico? **Indica las cinco principales.**

1.

2.

3.

4.

5.

ACTIVIDAD 1.3. PREVIA

¿Para qué **aplicaciones** son más indicadas las lupas binoculares y para cuáles los microscopios que poseen un solo ocular? ¿Y los microscopios binoculares?

	Aplicaciones y observaciones para las que es más útil (cita al menos tres en cada caso):
Lupas binoculares	
Microscopio monocular	
Microscopio binocular	

ACTIVIDAD 1.4.   PREVIA

Compara las ventajas e inconvenientes que tienen las lupas binoculares frente a los microscopios ópticos como herramientas para la enseñanza de las Ciencias de la Naturaleza en Educación Primaria. Si tuvieses que escoger solo uno de dichos instrumentos, ¿cuál elegirías? **Explica tu respuesta.**

Ventajas de la lupa frente al microscopio:

Inconvenientes de la lupa frente al microscopio:

Elijo:

Lo elijo por:

ACTIVIDAD 1.5.

Rotula la siguiente imagen de una lupa estereoscópica indicando el nombre de cada una de sus partes **más relevantes.**

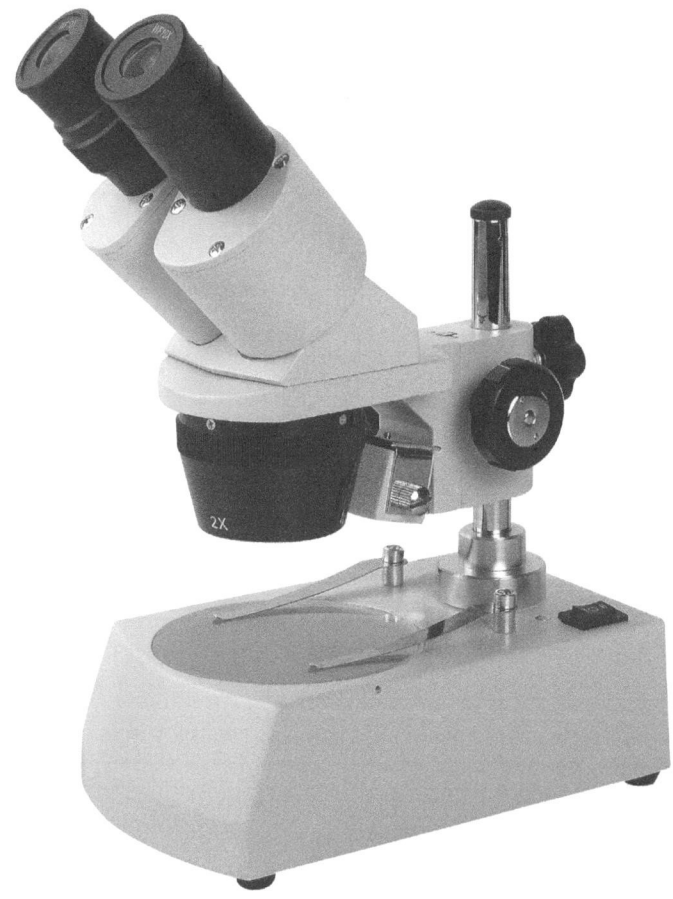

ACTIVIDAD 1.6.

Dibuja cómo se ve a la lupa un texto escrito en un folio, visto con los diferentes aumentos disponibles. Mide con papel milimetrado cuál es el **diámetro** del **campo visual** en cada caso.

LUPA-1

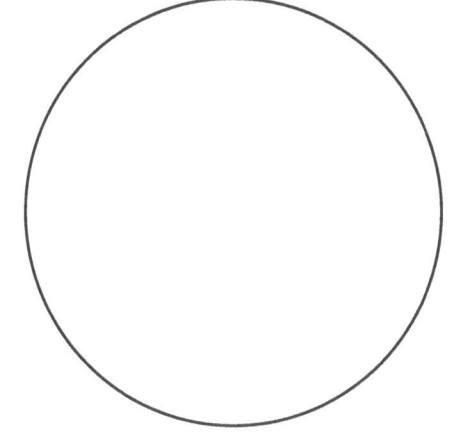

DATOS DESCRIPTIVOS

Aumento del ocular: _____

Aumento del objetivo: _____

Aumento total: _____

Campo visual (en mm): _____

LUPA-2

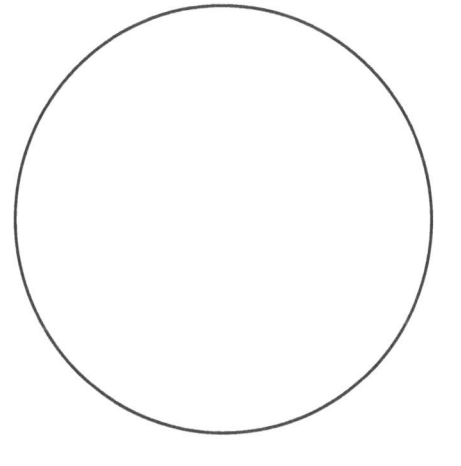

DATOS DESCRIPTIVOS

Aumento del ocular: _____

Aumento del objetivo: _____

Aumento total: _____

Campo visual (en mm): _____

ACTIVIDAD 1.7.

Selecciona entre los materiales disponibles **4 muestras** para observar, dibujar, colorear y describir **usando la lupa. Identifica la muestra.** Indica el aumento total y el diámetro del campo visual correspondiente en cada caso. Observa las notables diferencias entre la iluminación por transmisión y la iluminación por reflexión.

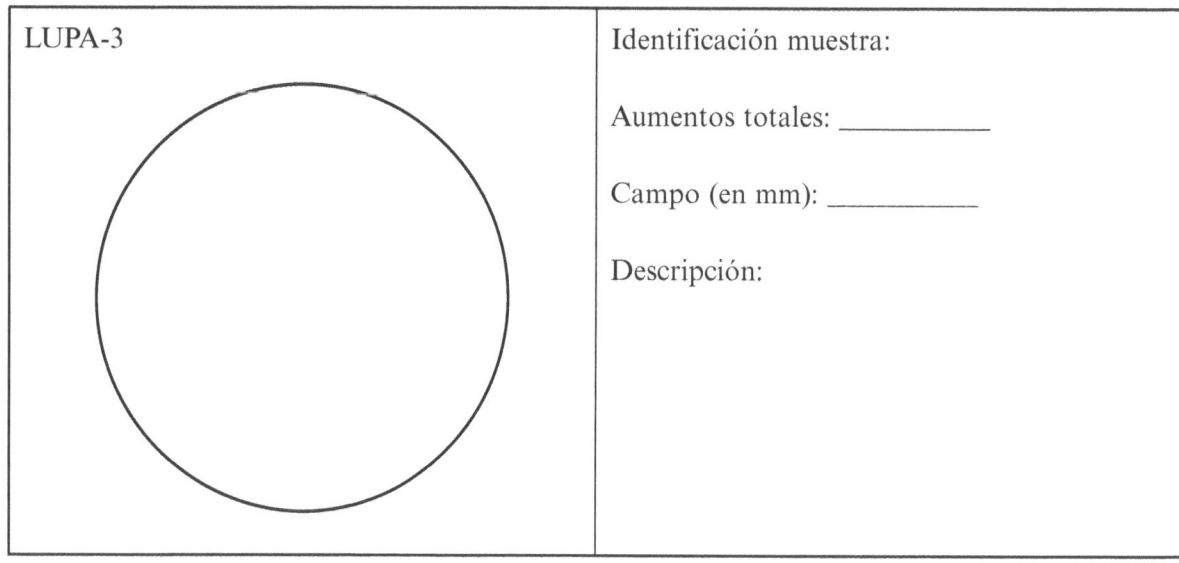

LUPA-3

Identificación muestra:

Aumentos totales: _____

Campo (en mm): _____

Descripción:

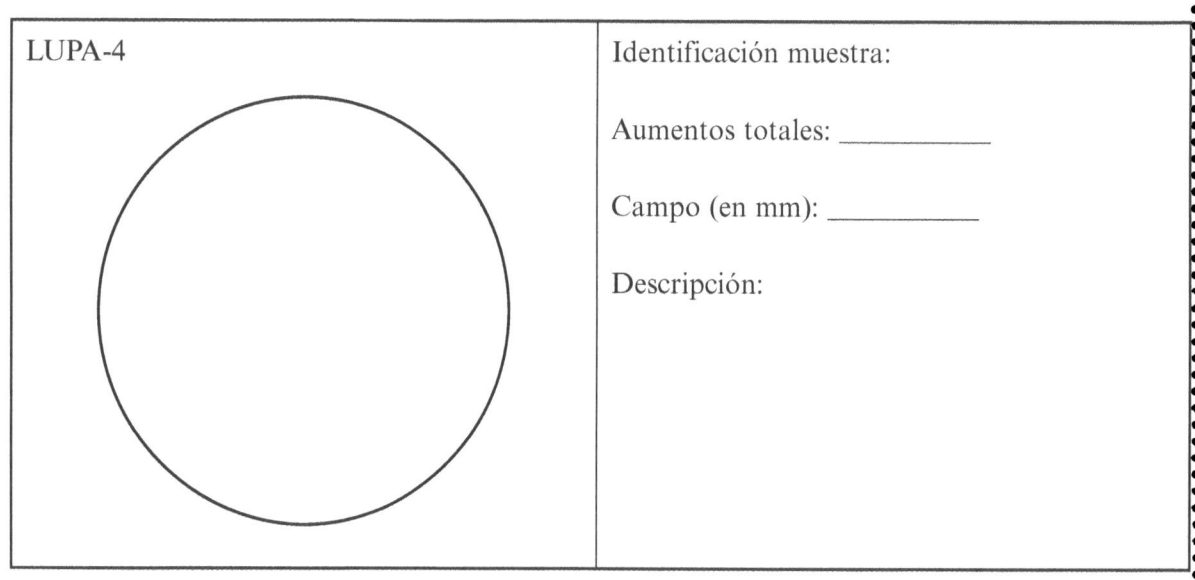

LUPA-4

Identificación muestra:

Aumentos totales: _____

Campo (en mm): _____

Descripción:

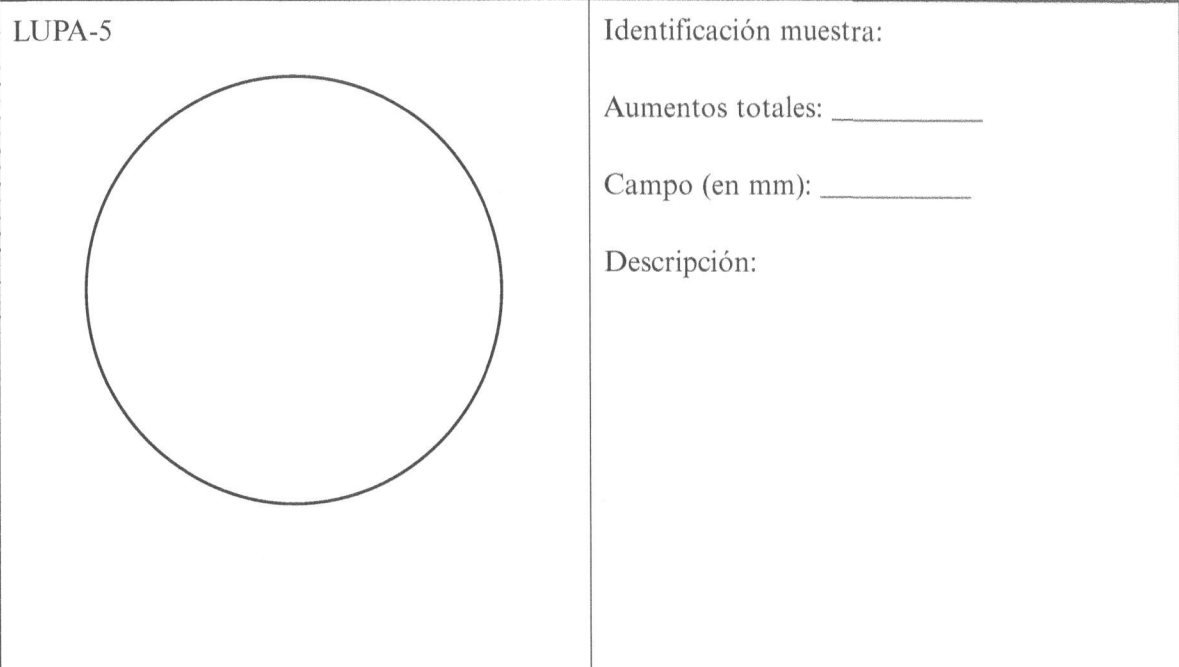

LUPA-5

Identificación muestra:

Aumentos totales: _____

Campo (en mm): _____

Descripción:

LUPA-6

Identificación muestra:

Aumentos totales: _____

Campo (en mm): _____

Descripción:

Observaciones con microscopio óptico 2

Objetivos de la práctica

— Conocer las partes que componen un microscopio óptico.
— Familiarizarse con el uso y el cuidado del microscopio óptico.
— Valorar las distintas aplicaciones educativas y didácticas de los microscopios ópticos en la actualidad.
— Determinar el campo visual en un microscopio óptico.
— Realizar observaciones y hacer registros de preparaciones de células procariotas y eucariotas (protoctistas, fúngicas, vegetales y animales).
— Reconocer las principales diferencias entre células procariotas, vegetales y animales.
— Comprender las diferencias existentes entre el microscopio óptico y la lupa binocular, sus ventajas e inconvenientes para su uso en Educación Primaria.
— Apreciar el alcance y las limitaciones de los microscopios ópticos como instrumentos para el estudio de la estructura básica de la célula.

Dificultades más frecuentes

— Problemas en la manipulación del instrumento y de las muestras.
— Confusión en la interpretación de los conceptos de campo visual y tamaño de imagen.
— Dificultades en el enfoque, sobre todo con aumentos altos, con los que el campo visual es menor.
— Dificultades en la identificación de las estructuras observadas.

MATERIALES NECESARIOS

Material propio del alumno/a
— Guion de prácticas. — Bolígrafo, lápiz, goma de borrar. — Lápices de colores.

Material para la mesa del profesor/a	
— Porta de medida patrón. — 1 recipiente para desechar vidrio roto. — 2 placas de Petri pequeñas y 2 grandes. — 1 bisturí con hojas de recambio. — 1 caja de portas y cubres. — 4 pipetas Pasteur de plástico. — 4 pinzas de punta fina. — 1 gotero de azul de metileno. — 1 gotero de povidona. — 1 bote de agua con difusor. — 1 bote de alcohol. — 1 paquete de algodón en discos. — 1 rollo de papel para limpiar.	Muestras frescas: — Yogurt fresco natural sin pasteurizar. — Agua de florero, de acuario o de charca. — Levadura fresca. — Moho de pan o de fruta. — Diferentes tipos de queso. — Champiñones maduros. — Pólenes. — Tapiz de musgo. — Hojas de *Tradescantia pallida*. — Patatas. — Sesos de cordero.

Material para cada puesto del alumno/a
— Microscopios ópticos. — 1 placa de Petri con preparaciones: *Spirogyra,* diatomeas. — 1 placa de Petri con preparaciones: ojo de insecto, aparato bucal de mosquitos y mariposa, ala de mariposa. — 1 placa de Petri con preparaciones: sangre, piel, pulmón. — 1 placa de Petri con preparaciones: raíz, tallo y hoja de los dos tipos de fanerógamas.

ADVERTENCIA DE SEGURIDAD Y BUEN USO

Se trabaja con un instrumento de precisión; por tanto, debes recordar que:

✓ Todos los mecanismos funcionan con suavidad, no hay que forzar ninguno.
✓ No debes tocar las lentes con los dedos, ni pasar las yemas de los dedos por ellas.
✓ No es necesario desmontar ninguna pieza; si se hace, el aparato puede desajustarse, o caer al suelo y romperse.
✓ Seguir las instrucciones del profesor en todo momento.

2.1. PARTES Y ELEMENTOS CONSTITUYENTES DE UN MICROSCOPIO ÓPTICO

Es recomendable *volver a leer* la introducción de la práctica número 1, donde se comparan algunas características de lupas binoculares y microscopios ópticos convencionales. Al igual que una lupa binocular, un microscopio óptico se encuentra formado por una **parte mecánica,** otra **óptica** y un **sistema de iluminación.**

— **Parte mecánica:** sirve de soporte a la parte óptica y facilita el manejo del microscopio. Consta de los siguientes elementos:

• *Pie o base:* sobre el cual se apoya el conjunto del microscopio.
• *Mango, brazo o columna:* de forma generalmente curvada, es la parte que sale del pie y está unida a la platina en su extremo inferior y al tubo portador del ocular en su extremo superior. En ella que se encuentran los tornillos de enfoque.
• *Platina:* situada en la parte inferior del brazo, es la zona plana sobre la cual se colocan las muestras para ser observadas. Suele llevar incorporada dos pinzas que sirven para sujetar preparaciones. En el modelo que vamos a usar la platina es móvil, y se sube o baja para realizar el enfoque.
• *Tubo:* situado en la parte superior del brazo, es una zona fija que alberga las lentes de la parte óptica, es decir, el ocular en un extremo y el objetivo en el otro.
• *Tornillos de enfoque:* sirven para subir o bajar la platina y enfocar así la muestra. Son de dos tipos: macrométrico y micrométrico. El tornillo macrométrico se emplea para realizar un enfoque grueso aproximado y el tornillo micrométrico, para afinar dicho enfoque.

— **Parte óptica:** está formada por las lentes responsables de la formación de la imagen ampliada que se observa. Dichas lentes son:

• *Ocular:* está situado en la parte superior del tubo, donde el observador aproxima el ojo, de ahí su nombre. Es una lente convergente que se encarga de enfocar la imagen producida por el objetivo sobre el ojo humano. Impreso en el ocular se encuentra un número seguido de una «x», que indica el aumento que proporciona. Por ejemplo, 10x significa que el ocular amplifica 10 veces la imagen producida por el objetivo. En los microscopios binoculares hay un ocular para cada ojo.
• *Objetivo:* está situado en la parte inferior del tubo, próximo a donde se coloca el objeto que se desea estudiar, de ahí su nombre. Es una lente convergente que se encarga de proporcionar una imagen ampliada de la muestra. Por ejemplo, un objetivo de 40x forma una imagen donde los elementos tienen un tamaño 40 veces mayor que en la muestra original. La imagen generada por el objetivo está boca abajo, es decir, invertida. Esto significa que un punto situado en la parte superior de la muestra, al ser observado por el microscopio, se verá en la parte inferior. Por ello, si desplazamos la muestra hacia arriba en la platina, la imagen que observamos se desplazará hacia abajo. Los microscopios suelen tener varios objetivos de aumentos diferentes para poder observar las muestras con distinto nivel de

detalle. Los objetivos se encuentran situados sobre una parte móvil, generalmente denominada *revólver*. Esta pieza es giratoria, de forma que en cada momento se puede colocar el objetivo que se desee sobre la muestra. El aumento del objetivo es mayor que el del ocular.

— **Sistema de iluminación:** lo integran aquellos componentes encargados de generar la luz, dosificarla, concentrarla y dirigirla hacia la muestra. Tales componentes son:

  • *Fuente luminosa:* los microscopios que vamos a usar llevan incorporada una fuente de luz y solo hace falta conectarlos a la red eléctrica.
  • *Condensador:* situado debajo de la platina, es un sistema de lentes convergentes que recoge, concentra y dirige la luz hacia la preparación.
  • *Diafragma:* situado debajo del condensador, se abre o se cierra para conseguir una mayor o menor entrada de luz al condensador, controlando así el nivel de iluminación de la muestra.

2.2. NORMAS BÁSICAS DE MANIPULACIÓN DEL MICROSCOPIO ÓPTICO

— **¿Cómo trasladar el microscopio?** Para trasladar el microscopio de un lugar a otro, se coge el mango con una mano y se sujeta la base con la otra, procurando no inclinarlo demasiado para evitar que se caigan las partes no fijas como la platina y los oculares. Nunca debe trasladarse con una sola mano.
— **¿Dónde colocar el microscopio?** El microscopio debe siempre colocarse sobre una superficie estable, evitando en todo momento el riesgo de que se caiga, pues sus componentes son frágiles. Cuando se acabe un trabajo, o al final de la práctica, se cubre el microscopio con una tela o plástico protector, o si tiene caja de madera se introduce en ella.
— **¿Cómo manejar las lentes?** A fin de mantener limpias las lentes, no deben tocarse directamente con los dedos. Si se ensucian, es necesario limpiarlas con un paño limpio y seco que no suelte pelusa.
— **¿Cómo enfocar la imagen?** Para hacer una observación con el microscopio es necesario enfocar la imagen. El procedimiento de enfoque, que se realiza manteniendo solidarios el objetivo y el ocular, puede resumirse en los siguientes pasos:

  • Se conecta el microscopio a la red eléctrica y se enciende la fuente de luz.
  • Se coloca la muestra sobre la platina y se centra. Si se trata de observar una preparación, esta debe sujetarse con las pinzas disponibles o engarzarse en platina para evitar que se caiga o se desplace.
  • Se escoge el objetivo de menor aumento disponible en el revólver giratorio (4x).
  • Mirando desde fuera y no por los oculares, se actúa sobre el tornillo macrométrico para subir la platina lo máximo posible, siempre evitando que el objetivo golpee la muestra. Es

especialmente importante tener precaución en este paso cuando se trabaja con preparaciones, pues estas son muy frágiles y podrían romperse si las golpea el objetivo, además de la posibilidad de cortarse durante el manejo posterior de los cristales.

- Mirando por los oculares, se va bajando la platina (se trabaja de arriba hacia abajo) lentamente con el tornillo macrométrico hasta conseguir observar una imagen nítida.
- A continuación, se afina el enfoque con el tornillo micrométrico.
- También puede ser necesario ajustar el diafragma y el condensador para que la intensidad de la iluminación en la imagen sea la apropiada. No es aconsejable que la imagen sea ni muy brillante ni muy tenue.
- Se repite el proceso con el objetivo de siguiente aumento que proceda (10x, 40x). Antes de girar el revólver para colocar sobre la muestra el nuevo objetivo, es importante comprobar que la distancia a la que se encuentra la platina es suficiente como para que dicho objetivo no golpee la muestra.
- En cada caso se puede desplazar la muestra con mucha suavidad, sin poner los dedos sobre su superficie para no ensuciarla. Si se desplaza la muestra buscando observar una determinada zona de la misma, hay que recordar que la imagen final que se observa está boca abajo.
- Cuando el microscopio es monocular, se debe alternar la visión de un ojo y otro para evitar el cansancio visual.

PRÁCTICA NÚMERO 2 – ACTIVIDADES

OBSERVACIONES CON MICROSCOPIO ÓPTICO

Alumno/a/s:

Profesor/a: _____

Calificación y comentarios:

ACTIVIDAD 2.1.   PREVIA

Completa la siguiente tabla indicando las principales **diferencias** (seis son suficientes) que existen entre las células vegetales y las animales. Se recomienda revisar el epígrafe: «La célula como unidad básica de la vida» del tema 2 del libro de teoría.

Célula vegetal	Célula animal

ACTIVIDAD 2.2. PREVIA

¿Hay alguna célula animal que no tenga núcleo? **Explica tu respuesta** y, en caso de que sea afirmativa, indica de qué célula puede tratarse y a qué seres vivos puede pertenecer.

ACTIVIDAD 2.3. PREVIA

¿Qué tipo o tipos de tejidos **más importantes** podemos encontrar en el tallo de una planta y en su raíz para realizar las funciones propias de esos órganos vegetativos? Se recomienda consultar la tabla 2.2 del tema 2 del libro de teoría.

	Tipos de tejidos	Función del tejido
Tallo vegetal		
Raíz vegetal		

ACTIVIDAD 2.4. PREVIA

¿Qué tipo o tipos de tejidos **más importantes** podemos encontrar en los pulmones y en la piel del ser humano para realizar las funciones propias de esos órganos? Indica qué función realiza cada tipo de tejido. Se recomienda consultar la tabla 2.2 del tema 2 del libro de teoría.

	Tipos de tejidos	Función del tejido
Pulmón		
Piel		

ACTIVIDAD 2.5. PREVIA

Completa la tabla donde aparezcan las competencias específicas, los criterios de evaluación y los saberes básicos relacionados con el uso de la lupa y el microscopio óptico en Educación Primaria (enseñanzas mínimas). **Indica con claridad a qué legislación** te refieres (estatal o autonómica), debiendo ser la de más reciente aplicación.

Legislación referida:..

Competencias específicas:
Criterios de evaluación:
Saberes básicos:

ACTIVIDAD 2.6.

> **Rotula** la siguiente imagen de un microscopio óptico monocular indicando el nombre de cada una de sus **partes más relevantes.**

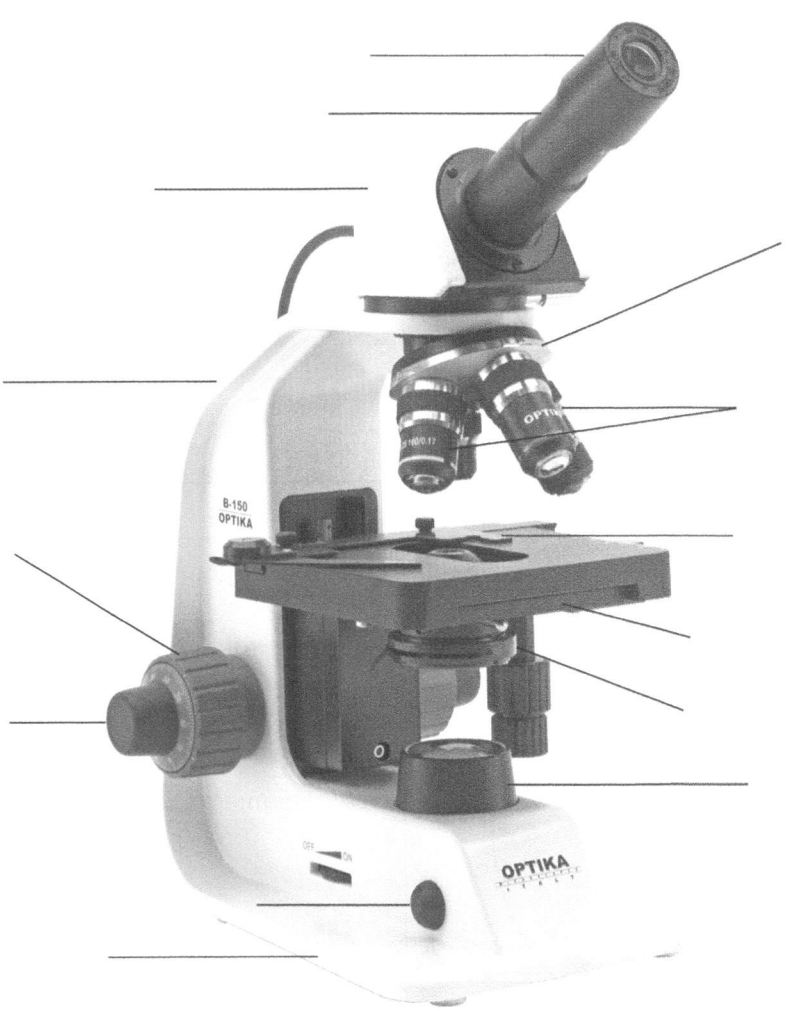

ACTIVIDAD 2.7.

Selecciona entre los materiales **cuatro preparaciones permanentes** para observar al microscopio óptico. Dibuja, colorea y describe con tus palabras lo observado. Justifica el aumento total elegido en cada caso e indícalo junto con el campo de visión correspondiente.

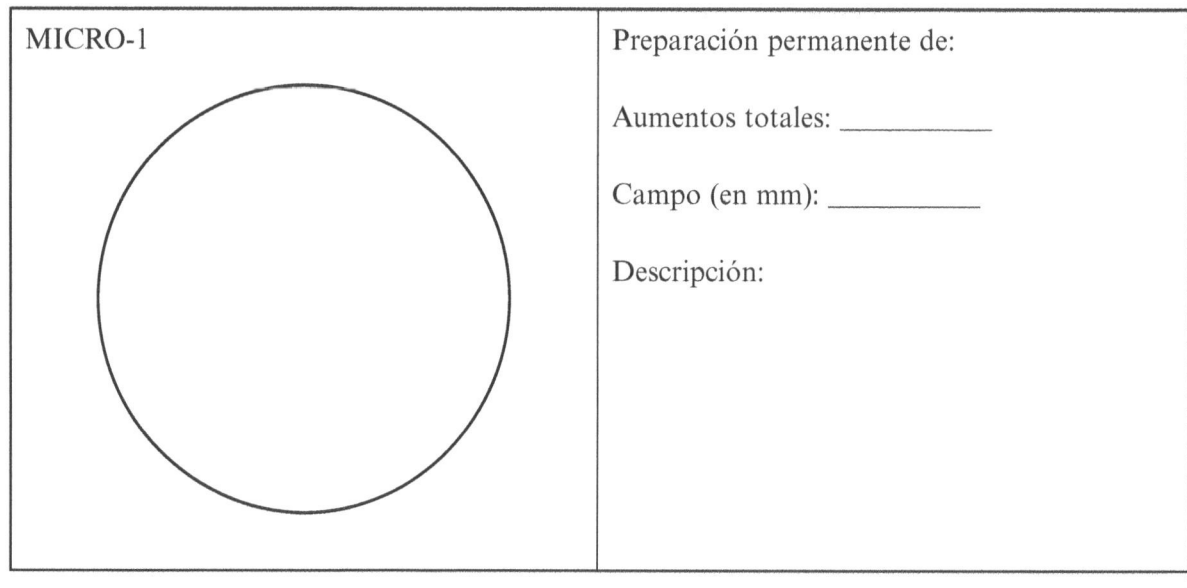

MICRO-1

Preparación permanente de:

Aumentos totales: _____

Campo (en mm): _____

Descripción:

MICRO-2

Preparación permanente de:

Aumentos totales: _____

Campo (en mm): _____

Descripción:

MICRO-3

Preparación permanente de:

Aumentos totales: _____

Campo (en mm): _____

Descripción:

MICRO-4

Preparación permanente de:

Aumentos totales: _____

Campo (en mm): _____

Descripción:

ACTIVIDAD 2.8.

Realiza preparaciones microscópicas de **dos muestras frescas.** Dibuja, colorea y describe con tus palabras lo observado. Justifica el aumento total elegido en cada caso e indícalo junto con el campo de visión correspondiente.

MICRO-5

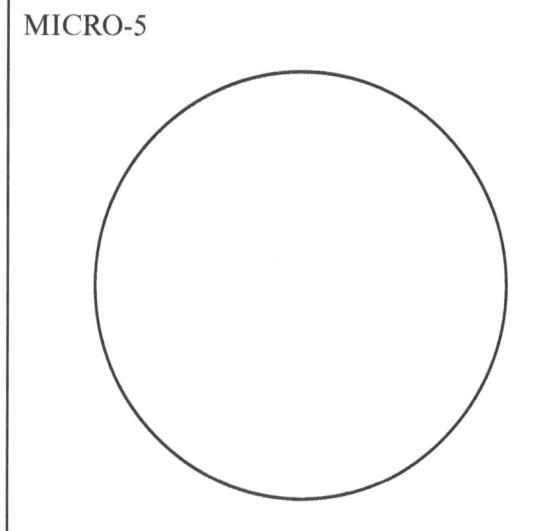

Preparación muestra fresca de:

Aumentos totales: _____

Campo (en mm): _____

Descripción:

MICRO-6

Preparación muestra fresca de:

Aumentos totales: _____

Campo (en mm): _____

Descripción:

Manejo de tablas de composición nutricional de alimentos 3

Objetivos de la práctica

— Diferenciar el origen de las biomoléculas de organismos autótrofos y heterótrofos.
— Comparar las características de macronutrientes y micronutrientes, así como reconocer los principales alimentos donde encontrar cada uno de ellos.
— Reflexionar sobre los requisitos que debe cumplir una dieta saludable.
— Conocer el aporte calórico de cada uno de los nutrientes.
— Realizar cálculos pormenorizados sobre su propia dieta.
— Familiarizarse con el manejo de tablas de composición nutricional de alimentos, presentadas por grupos.
— Conocer que las necesidades energéticas del ser humano varían en función de la edad, el sexo y el estado fisiológico.

Dificultades más frecuentes

— Problemas con la interpretación de los datos en las tablas, en especial con el concepto de porción comestible.
— Confusión en la interpretación del porcentaje de macronutrientes de una dieta equilibrada y saludable: energía y masa.
— Dificultades con la conversión de equivalencias de medidas.
— Identificación del agua como sustancia acalórica, es decir, sin valor calórico.

MATERIALES NECESARIOS

Material propio del alumno/a
Tablas de composición de alimentos que podrán descargarse de PRADO. Tablas de datos de equivalencia de medidas de alimentos que podrán descargarse de PRADO. — Guion de prácticas. — Bolígrafo, lápiz, goma de borrar. — Calculadora.
Material para la mesa del profesor/a
— No es necesario un material específico.
Material para cada puesto
— No es necesario un material específico.

3.1. LA IMPORTANCIA DE LOS NUTRIENTES

Los seres humanos pertenecemos al Reino Animal, lo que implica que **somos organismos heterótrofos,** es decir, que nuestra nutrición se basa en sustancias orgánicas producidas por otros organismos, tanto animales como plantas, hongos, protistas y bacterias. Nosotros no tenemos la capacidad de transformar las sustancias inorgánicas del medio que nos rodea en nutrientes, como sí la tienen los *organismos autótrofos.* En los autótrofos, como las plantas, la función de nutrición se lleva a cabo mediante la *fotosíntesis,* por lo que se denominan *fotoautótrofos.* También existen microorganismos que son capaces de realizar esta función a través de reacciones químicas exotérmicas, por lo que se denominan *quimioautótrofos.*

En función de la cantidad de **NUTRIENTES** que son necesarios para el organismo, podemos distinguir entre:

— **Macronutrientes,** son aquellos que necesitamos diariamente en grandes cantidades y suelen estar presentes de forma mayoritaria en los alimentos: *glúcidos, lípidos* y *proteínas.*
— **Micronutrientes,** son aquellos que necesitamos en pequeñas cantidades, cumplen funciones reguladoras y cuya deficiencia provoca enfermedades carenciales: *minerales* y *vitaminas.* Entre los minerales destacan el calcio (Ca), el sodio (Na), el potasio (K), el hierro (Fe), el magnesio (Mg) y el fósforo (P). Las vitaminas se dividen en dos grandes grupos: las hidrosolubles (vitaminas del complejo B, vitamina C) y las liposolubles (vitaminas A, D, E y K).

Las vitaminas son moléculas fundamentales para el correcto funcionamiento del organismo

Vitamina	Función del organismo en la que interviene	Alimentos donde se encuentra
A	Detección de la luz por la retina. Protección de las células epiteliales.	Verduras y hortalizas de color rojo y anaranjado (zanahoria, tomate, etc.), hígado, leche y mantequilla.
D	Regulación del metabolismo del calcio. Protección de la piel.	Se sintetiza en la piel. Como provitamina se encuentra en aceites de pescado y pescado graso. En menor cantidad en huevos, hígado, leche, queso y mantequilla.
E	Antioxidante: protege células y moléculas del organismo.	Aceites vegetales, frutos secos, cereales integrales y algo menos en verduras de hoja verde.
K	Coagulación de la sangre. Calcificación de los huesos.	Vegetales de hoja verde e hígado. Es sintetizada por la flora intestinal.
Complejo B	Metabolismo general de todas las células. Transmisión del impulso nervioso. Síntesis de hormonas. Formación de glóbulos rojos.	Hígado, cereales integrales, carne, huevos, legumbres, pescado, verduras de hoja verde. Sintetizada por la flora intestinal (B_{12}).
C	Antioxidante. Síntesis del colágeno.	Frutas, verduras, patatas, legumbres, hígado y riñones.

Debemos tener en cuenta también la *fibra,* pues es un componente importante de los alimentos y tiene efectos beneficiosos sobre la salud. Aunque se trata de un compuesto que nuestro sistema digestivo es incapaz de digerir, favorece la proliferación bacteriana, influye en la absorción intestinal, activa el peristaltismo intestinal y participa en la formación de las heces fecales.

Mención aparte merece el *agua,* pues es la molécula más abundante de los seres vivos y por lo tanto de nuestro cuerpo. Realiza multitud de funciones aunque no aporte calorías, y por ello se denomina como *acalórica.* A pesar de ser una sustancia muy familiar para todos, los escolares suelen desconocer su importancia en el organismo. El consumo recomendado, en general, es de unos **tres litros diarios,** la mitad ingerido con el agua de los propios alimentos y la otra mitad debe beberse diariamente. Por su importancia, debemos señalar que las necesidades de líquidos de las personas dependen de muchos factores, como el metabolismo propio, variable según la edad, y del entorno donde se realiza la vida cotidiana.

3.2. LOS MACRONUTRIENTES

Los **hidratos de carbono** también son llamados glúcidos o azúcares, y están formados por hidrógeno (H), carbono (C) y oxígeno (O). Pueden ser simples o complejos, dependiendo de su estructura molecular. El azúcar de consumo cotidiano, denominado *sacarosa,* es un hidrato de carbono simple. Dos ejemplos de tipo complejo, presentes en alimentos de consumo habitual, son el *almidón* y el *glucógeno.* El almidón está presente en alimentos de origen vegetal como en las patatas, legumbres, pan, pastas, etc., mientras que el glucógeno se encuentra en alimentos de origen animal, como en el hígado, carne de cerdo, de ternera, etc. Es importante concienciar sobre la conveniencia de evitar el excesivo consumo de azúcares simples, pues es una de las bases en el desarrollo de diabetes.

Las **grasas** o **lípidos** también están formados principalmente por C, H y O, aunque algunos aportan fósforo (P). Se pueden encontrar como aceites y grasas en alimentos de procedencia animal y vegetal: aceites, mantequillas, mayonesas, aguacates, cocos, pescados azules y algunas carnes muy grasas como el tocino. Son moléculas que proporcionan elevadas cantidades de energía y que hay que consumirlas de manera moderada. Ahora bien, son imprescindibles en la dieta como fuente de ácidos grasos esenciales. Sin embargo, no todos los alimentos que contienen lípidos o grasas son igualmente saludables. En general, los mejores para el organismo son aquellos que contienen mayor proporción de ácidos grasos insaturados o poliinsaturados, y se aconseja que el consumo de ácidos grasos saturados sea muy moderado. Un lípido imprescindible para los humanos es el *colesterol,* cuyos niveles en sangre considerados normales son de 125 a 230 mg/dl. Se diferencia entre «colesterol bueno» o de alta densidad o HDL *(high density)* (es positivo tener más de 35 mg/dl) y «colesterol malo» o de baja densidad LDL *(low density)* (se debe tener no más de 150 mg/dl). Aunque es imprescindible para la vida, el exceso de colesterol, en particular del LDL, es perjudicial para la salud.

Las **proteínas,** además de C, H y O proporcionan un cuarto elemento, el nitrógeno (N), que es necesario en cantidades menos elevadas pero es imprescindible para la vida. Las moléculas de proteínas están formadas por la unión de cientos de aminoácidos.

3.3. LAS NECESIDADES DE ENERGÍA

Las necesidades de nutrientes en las personas dependen de distintos factores, como la edad, sexo y actividad física. También varían las necesidades de energía que nos deben aportar los alimentos. En las tablas siguientes se muestran las cantidades diarias de energía en calorías que se necesitan aproximadamente según edad y sexo (según la Fundación Española de Nutrición, 2019).

Edad (años, ambos sexos)		Energía (kcal por día)	
2-3		1.250	
4-5		1.700	
6-9		2.000	
VARONES		**MUJERES**	
Edad (años)	**kcal por día**	**Edad (años)**	**kcal por día**
10 a 12	2.450	10 a 12	2.300
13 a 15	2.750	13 a 15	2.500
16 a 19	3.000	16 a 19	2.300
20 a 39	3.000	20 a 39	2.300
40 a 49	2.850	40 a 49	2.185
50 a 59	2.700	50 a 59	2.075

El refranero español nos recomienda cómo repartir la comida a lo largo del día: «Desayuna como un rey, almuerza como un príncipe y cena como un mendigo» o «De grandes cenas están las sepulturas llenas» son famosos dichos. Estas recomendaciones de la cultura popular nos dejan clara una tendencia a optar por desayunos copiosos, almuerzos más livianos y cenas frugales. Dividir las calorías a lo largo del día en 5 comidas o, al menos, en 3, es una inteligente manera de alimentarse. En términos generales se puede establecer la siguiente distribución:

Distribución porcentual del total de kilocalorías entre las comidas del día

Desayuno	25%	Al finalizar la comida al menos el 55%
Media mañana		
Comida	30-35%	
Merienda	15-20%	La cena como comida de rescate
Cena	20-25%	

Es importante *no confundir estas cifras de calorías con la cantidad de alimentos*. No estamos tratando con los datos de gramos de hidratos de carbono, proteínas o grasas, sino que nos referimos a las kilocalorías que estos macronutrientes aportan.

Tipo de macronutriente	Aporte energético por unidad de masa (kilocalorías por cada gramo de masa)
Hidratos de carbono o glúcidos	4 Kcal/g
Lípidos o grasas	9 Kcal/g
Proteínas	4 Kcal/g

3.4. LAS TABLAS DE COMPOSICIÓN NUTRICIONAL

En los ejercicios que se van a realizar a continuación, es necesario localizar los alimentos en las tablas de composición nutricional. En ellas, se encuentran organizados en varios grupos.

Grupo	Alimentos
1	Huevos, lácteos y helados.
2	Carnes y derivados.
3	Pescados y mariscos.
4	Alimentos grasos (aceites y grasas).
5	Alimentos ricos en hidratos de carbono (cereales y leguminosas).
6	Verduras y hortalizas.
7	Frutas.
8	Bebidas.
9	Otros productos.

Esta clasificación es necesaria para disponer de una guía que ayudará a conocer cómo realizar una dieta equilibrada a toda la población. De acuerdo con esta propuesta, los alimentos se organizan según las funciones que cumplen y los nutrientes que proporcionan al organismo, es decir, están agrupados por su similitud en el aspecto nutricional y composición en:

— **Alimentos plásticos o formadores:** son los que mayoritariamente nos proporcionan sustancias imprescindibles tanto para la formación como para la conservación de nuestra estructura física.
— **Alimentos energéticos:** son los que nos proporcionan principalmente energía.
— **Alimentos reguladores:** son los que resultan imprescindibles para nuestro metabolismo por su aporte en vitaminas, minerales y fibra.

Junto a estas tablas de composición nutricional, hemos de recordar que un instrumento útil para confeccionar dietas saludables son las denominadas *pirámides alimentarias,* de las que existen muchas representaciones, y que de forma resumida sirven para orientarnos en nuestra alimentación diaria.

3.5. LA DIETA SALUDABLE

Aunque la consideración de este aspecto tiene una importante influencia de costumbres culturales, en términos generales puede decirse que para que una dieta sea saludable, debe cumplir tres requisitos:

1. Ser completa o **suficiente** en términos energéticos, es decir, que aporte una cantidad de kilocalorías (kcal) al día similar a las gastadas diariamente por el organismo. Un aporte energético insuficiente de manera continuada dará lugar a una desnutrición, mientras que un aporte excesivo provocará obesidad.
2. Ser **equilibrada** en términos de proporción de nutrientes aportados, de forma que la cantidad de glúcidos debe rondar el 50-60% del total de energía (y no de masa), los lípidos el 30-35% y las proteínas el 10-15%.
3. Ser **variada** en cuanto a los grupos de alimentos que componen la dieta. También es importante considerar las formas de consumo y cocinado (en crudo, cocidos, fermentados, etc.) para garantizar la ingesta de algunos micronutrientes que se degradan o pierden por acción del calor o del pH (acidez o alcalinidad del alimento).

PRÁCTICA NÚMERO 3 – ACTIVIDADES

MANEJO DE TABLAS DE COMPOSICIÓN NUTRICIONAL DE ALIMENTOS

Alumno/a/s:

Profesor/a: _____

Calificación y comentarios:

ACTIVIDAD 3.1.   PREVIA

Elabora un **mapa conceptual** o cualquier otro tipo de esquema que resuma el epígrafe 4, «La dieta en el ser humano», del tema 3 del libro de teoría.

ACTIVIDAD 3.2. PREVIA

Anota cuidadosamente en la siguiente tabla los alimentos que componen tu **desayuno/toma de media mañana** de un día de la semana anterior a esta práctica. Indica en detalle el tipo de alimento y la cantidad aproximada que sueles tomar (su masa en gramos). No olvides la sal y la bebida (su volumen en ml o cm^3).

	ALIMENTO	CANTIDAD MASA (g) o VOLUMEN en el caso de las bebidas (ml o cm^3)
1		
2		
3		
4		
5		
6		
7		
8		
9		
10		
11		
12		

ACTIVIDAD 3.3. PREVIA

Con los datos anteriores, **completa la tabla siguiente con la información** que se pide para cada alimento (contenido calórico y sodio). Consultar las tablas de composición de alimentos y equivalencias de medidas que tienes disponibles. *Ten en cuenta que hay que desglosar algunos datos.* Por ejemplo, *una tostada puede tener el pan, la mantequilla o el aceite ylo el tomate.*

Alimento (g)	Sodio (mg)	Energía (kcal)
Totales en mg o kcal	mg	kcal

ACTIVIDAD 3.4. PREVIA

Calculado el **total de energía** que te aportó el **desayuno/toma de media mañana** (energía total de la tabla anterior), ¿cumples la recomendación de que estas ingestas aporten el 25% de tus necesidades diarias de energía? ¿Qué podrías hacer si, en tu caso, no cumples la recomendación? Razona la respuesta tanto si tu valor es excesivo o escaso.

ACTIVIDAD 3.5. PREVIA

En **https://www.who.int/publications/i/item/9789241504836** consulta cuál es la **cantidad diaria de sodio** que no debe sobrepasar un adulto sano. Busca cuál es la proporción de sodio que contiene la sal y, a partir de la respuesta anterior, calcula la cantidad de sal que un adulto sano no debe superar al día. Comenta el resultado. ¿Te parece adecuado el aporte de sodio de tu desayuno-media mañana? Cita al menos **tres patologías** que están relacionadas con el consumo excesivo de sodio.

ACTIVIDAD 3.6.

> Los niños en edad escolar no siempre se alimentan correctamente, y es tarea de los adultos enseñarles cómo hacerlo. Una **alumna de 11 años** ha elaborado una lista con lo que comió durante el día de ayer y que completó con ayuda de sus padres para las cantidades expresadas en gramos o mililitros. **Usando la información de la lista, completa la tabla de composición de alimentos que se propone.**

Agua bebida durante el día: 650 ml de agua del grifo, no tónica.

Desayuno en casa:

— 1 vaso de leche de vaca 3,2% MG (250 ml).
— Cacao en polvo azucarado (25 g).
— Margarina vegetal (20 g).
— Pan de molde (60 g).

Almuerzo en el colegio:

— 1 bocadillo de salchichón (85 g de pan blanco y 50 g de salchichón).

Comida en casa:

— Ensalada (20 g de lechuga y 100 g de tomate, 55 g de huevo cocido y 80 g de atún en aceite, 5 g de aceite de oliva y 1 g de sal).
— Chuletas de cerdo sin hueso (125 g) con 2 g de aceite de oliva y 3 g de sal.
— 50 g de patatas fritas en rodajas.
— 1 naranja pelada (200 g).
— 1 vaso de bebida carbonatada de cola (250 ml).

Merienda en casa:

— *Petit Suisse* con frutas 60% MG (125 g).
— Frutos secos promedio (50 g).

Cena en casa:

— Sándwich de pan de molde (60 g), con queso emmental (15 g) y jamón de York (25 g).
— Patatas fritas chips (50 g).
— 1 natillas (125 g).
— 1 vaso de bebida carbonatada de cola (250 ml).

Alimento (g)	Agua (ml)	Energía (kcal)	Proteínas (g)	Glúcidos (g)	Grasas (g)
Totales en ml, g o kcal	ml	kcal	g	g	g

ACTIVIDAD 3.7.

Haz los cálculos necesarios para responder a las siguientes cuestiones respecto al concepto de **dieta saludable (incluye dichos cálculos en las respuestas):**

1. En ese día su alimentación, ¿fue *suficiente* en energía (kcal)? Justifica la respuesta.
2. ¿Fue *variada* en cuanto a grupos de alimentos consumidos? (véase la tabla del punto 3.4). Justifica la respuesta.
3. ¿Y fue *equilibrada* en macronutrientes (glúcidos, lípidos y proteínas)? Justifica tu respuesta tras calcular qué porcentaje de energía aporta cada macronutriente (véase la tercera tabla del punto 3.3) e indica si detectas algún problema en aporte energético o en equilibrio de nutrientes.
4. ¿Su consumo de agua fue adecuado? Justifica tu respuesta teniendo en cuenta tanto el consumo de agua bebida como el del agua ingerida a través de los alimentos.

Diseño y utilización de claves dicotómicas

4

Objetivos de la práctica

— Consultar la legislación educativa vigente con relación a «guías y claves de identificación de seres vivos».
— Conocer la existencia de claves dicotómicas para la identificación de especies, tanto actuales como fósiles.
— Familiarizar al alumno con el uso de claves dicotómicas para identificar especies comunes.
— Diferenciar los conceptos de clasificación e identificación.
— Realizar observaciones y descripciones pormenorizadas sobre objetos parecidos.
— Diseñar claves dicotómicas sencillas en forma de árbol.
— Apreciar la dificultad de seleccionar criterios para clasificar conjuntos de especies.

Dificultades más frecuentes

— Problemas en la interpretación de los códigos de las dicotomías.
— Dificultades con la precisión del vocabulario a emplear para la descripción.
— Uso de criterios en la deducción del número mínimo relevante de dicotomías.
— Selección de las características distintivas para incluir en la clave dicotómica.

MATERIALES NECESARIOS

Material propio del alumno/a
— Guion de prácticas. — Bolígrafo, lápiz, goma de borrar. — Lápices de colores. — Claves dicotómicas disponibles en el laboratorio.
Material para la mesa del profesor/a
— No es necesario un material específico.
Material para cada puesto
— Bandeja con muestras biológicas (por ejemplo, plantas gimnospermas o angiospermas, conchas marinas, etc.). — Bandeja con ejemplos de 10 tipos diferentes de objetos (pasta, botones, semillas, tornillos, etc.).

4.1. ¿QUÉ ES UNA CLAVE DICOTÓMICA?

En el ámbito de las Ciencias Naturales, para clasificar los seres vivos y otros elementos naturales como minerales o fósiles, se emplea con frecuencia una herramienta denominada *clave dicotómica*. La palabra «dicotomía» significa que algo se divide en dos partes. Así, estas claves estarían formadas por una serie de opciones encadenadas de tal manera que, eligiendo uno de los dos caminos que constantemente se ofrecen, y tomando aquel cuyos caracteres concuerdan con el ejemplar que se quiere identificar, se va pasando de un punto a otro hasta llegar a la identificación final. Al usar una clave dicotómica, se van realizando una serie de preguntas, o se pide que nos fijemos en alguna característica que tiene que poseer el ejemplar. Esa pregunta o característica es el *criterio de clasificación* que utilizamos.

Los criterios de clasificación deben ser relevantes para que la clave sea correcta y fiable.

En el siguiente ejemplo, tomado de un libro de 5.º de Educación Primaria, se explica la identificación mediante una clave. Es importante apreciar que el *número de dicotomías que hay que utilizar es siempre una menos que el número de elementos a identificar*.

En el ejemplo mostrado hay dos claves, una de moluscos y otra de artrópodos:

— En los MOLUSCOS se identifica con dos dicotomías la pertenencia de nuestro ejemplar a uno de los tres grandes grupos: cefalópodo, gasterópodo o bivalvo.
— En los ARTRÓPODOS se identifica con tres dicotomías la pertenencia de nuestro ejemplar a uno de los cuatro grandes grupos: insecto, arácnido, crustáceo y miriápodo.

Identificar con una clave

▶ **Así se hace**

Para identificar un animal que encontremos en la naturaleza podemos emplear claves. Las más sencillas son las llamadas *claves dicotómicas*. Incluyen varios pasos, cada uno de los cuales presenta dos opciones, de las que hay que elegir una.

Se empieza por el número 1 y se elige la opción más adecuada para el animal que queremos identificar. Cada una de las opciones nos remite a otro número, o bien nos indica de qué animal se trata.

En la derecha aparecen dos claves: una sirve para identificar los grupos de artrópodos y otra para identificar los grupos de moluscos.

GRUPOS DE MOLUSCOS

1. Una o más conchas.........................Ir al 2
   Sin concha..........................CEFALÓPODO
2. Concha espiral ....GASTERÓPODO
   Dos conchas articuladas ....BIVALVO

GRUPOS DE ARTRÓPODOS

1. Seis patas.....................................INSECTO
   Más de seis patas ....Ir al 2
2. Ocho patas ....ARÁCNIDO
   Más de ocho patas ....Ir al 3
3. Diez patas ....CRUSTÁCEO
   Más de diez patas.................MIRIÁPODO

4.2. REPRESENTACIÓN DE LAS CLAVES DICOTÓMICAS

La mayoría de claves y guías de identificación de especies biológicas se denominan *claves artificiales* y están basadas principalmente en características morfológicas de los individuos. Este nombre se debe a que el recorrido de las dicotomías de estas claves no representa los hechos evolutivos que dieron lugar a la especie que se está identificando. Una línea de investigación en Biología muy importante en la actualidad es la transformación de estas «claves artificiales» en «claves naturales». Para ello, además de la morfología, la fisiología y la etología de las especies, se incluye en el estudio la información genética, que ofrece pistas más fiables de los hechos evolutivos por los que ha pasado la especie en concreto.

A veces, los criterios de clasificación se presentan de forma similar a un árbol genealógico, por lo que podemos encontrar claves dicotómicas en forma de *árbol de clasificación (Clave de clasificación en forma de árbol),* semejante al que aparece en la imagen inferior, tomada de un libro de 5.º de Educación Primaria. Sin embargo, lo más frecuente es que las claves presenten el aspecto del ejemplo mostrado en la página anterior.

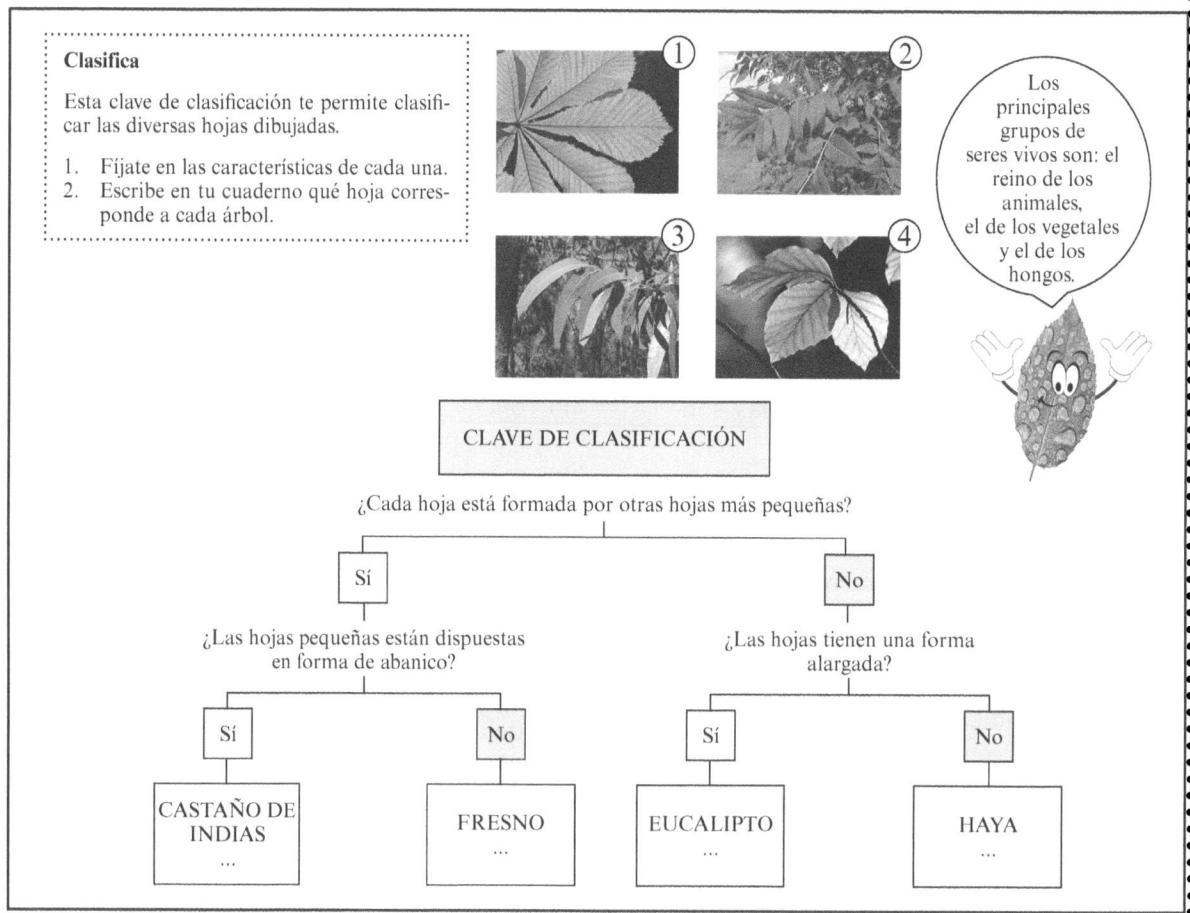

PRÁCTICA NÚMERO 4 – ACTIVIDADES

DISEÑO Y UTILIZACIÓN DE CLAVES DICOTÓMICAS

Alumno/a/s:

Profesor/a: _____

Calificación y comentarios:

ACTIVIDAD 4.1. PREVIA

Busca, en el Real Decreto 157/2022 por el que se establecen las enseñanzas mínimas de Educación Primaria, y en la Orden de 30 de mayo de 2023, por la que se desarrolla el currículo correspondiente a la Educación Primaria en Andalucía, cuáles son las competencias específicas, los criterios de evaluación y los saberes básicos relacionados con las **guías y claves de identificación de seres vivos.** Completa las tablas con los datos obtenidos. Comenta si hay alguna progresión en la *secuenciación* de las competencias, criterios y saberes. Comenta las diferencias encontradas entre ambos tipos de documentos.

REAL DECRETO (diferenciando por ciclos cuando sea posible)	ORDEN (diferenciando por ciclos cuando sea posible)
Competencias específicas:	Competencias específicas:
Criterios de evaluación:	Criterios de evaluación:

REAL DECRETO (diferenciando por ciclos cuando sea posible)	ORDEN (diferenciando por ciclos cuando sea posible)
Saberes básicos:	Saberes básicos:

¿Hay alguna progresión en la secuenciación de estos elementos? Comenta brevemente los datos recabados.

¿Qué diferencia/s más importantes encuentras entre ambos documentos?

ACTIVIDAD 4.2.   PREVIA

Indica qué **diferencias existen entre identificar y clasificar.** Añade a tu respuesta uno o varios ejemplos que ayuden a comprender esas diferencias.

ACTIVIDAD 4.3. PREVIA

Si en una clave dicotómica de aves apreciamos que hay 38 dicotomías sucesivas, ¿cuántas clases de aves podemos identificar con ella? **Razona tu respuesta.**

Y si quisiéramos identificar a 25 especies de mamíferos, ¿cuántas preguntas dicotómicas necesitaríamos? **Razona tu respuesta.**

ACTIVIDAD 4.4.

Utilizando los datos descriptivos que proporciona esta tabla, **construye una clave** dicotómica de clasificación para los siguientes tipos de insectos con el mínimo número posible de dicotomías.

	Hormigas	Avispas	Abejas	Mariposas
A. Presencia de antenas plumosas.	No	No	No	Sí
B. Cuerpo con bandas coloreadas.	No	Sí	No	No
C. Presencia de alas en la mayoría de los individuos adultos.	No	Sí	Sí	Sí
D. Presencia de 6 patas en las formas adultas.	Sí	Sí	Sí	Sí
E. Generalmente viven en comunidades formadas por miles de individuos.	Sí	No	Sí	No
F. Abdomen muy marcado con cintura estrecha.	Sí	Sí	No	No

ACTIVIDAD 4.5.

¿Recuerdas el juego «Quién es quién»? Las preguntas que se hacen en ese juego hay que elegirlas bien para descubrir al personaje antes que tu oponente. Al elaborar una clave dicotómica, como las ya descritas en esta práctica, las preguntas que hacemos, es decir, los criterios de clasificación, deben ser relevantes para que la clave sea correcta y fiable.

Elabora una clave dicotómica, utilizando el *mínimo número de preguntas relevantes,* cuya respuesta podría conocer un alumno al acabar la etapa de Educación Primaria y que permita clasificar a los siguientes animales. **Utiliza los criterios de clasificación** que aparecen en las tablas del tema 6 del libro de teoría («La diversidad de los seres vivos»).

CABRA	TORTUGA	RANA	RUISEÑOR	MURCIÉLAGO	PERRO	TIBURÓN	HUMANO

ACTIVIDAD 4.6.

Construye una clave dicotómica en forma de árbol para el conjunto de objetos que se te entregará en el laboratorio. Para ello, primero tendrás que describir pormenorizadamente cada uno de ellos. Recuerda desarrollar tu capacidad de observación en este ejercicio. Fíjate en el máximo número de detalles.

4.6.1. Descripción de todos los objetos según los criterios elegidos

Número	Nombre	Descripción

4.6.2. Elaboración de la clave dicotómica en forma de árbol

ACTIVIDAD 4.7.

Identifica el/los seres vivos que te sean entregados en el laboratorio utilizando la clave dicotómica disponible en el material. Anota los pasos seguidos y busca en un diccionario el vocabulario que necesites consultar. **Haz un dibujo esquemático** de cada muestra que permita distinguirlas entre sí.

4.7.1. Muestra incógnita A

4.7.2. Muestra incógnita B

Fósiles y evolución en la escala de tiempo geológico

5

Objetivos de la práctica

— Estructurar el tiempo geológico a través de analogías.
— Realizar cálculos para acomodar el tiempo geológico real a escalas análogas manejables en Educación Primaria.
— Apreciar el alcance y las limitaciones de cada una de las analogías trabajadas.
— Conocer los principales eventos evolutivos y situarlos de forma relativa y/o absoluta en la escala de tiempo geológico.
— Reconocer algunos fósiles guía destacados de cada una de las eras geológicas.
— Interpretar qué es un fósil y conocer los diferentes procesos de fosilización que corresponden con diferentes tipos de fósiles.
— Aprender a identificar los fósiles más característicos utilizando ejemplares reales.

Dificultades más frecuentes

— Problemas en la realización de los cálculos para establecer analogías temporales y/o espaciales para el tiempo geológico.
— Confusión en la interpretación de los procesos geoquímicos que dan lugar a un fósil.
— Dificultades en la correlación entre la edad de un fósil y el estrato que lo contiene.
— Dificultades generales de enfoque y manejo de la lupa estereoscópica.

MATERIALES NECESARIOS

Material propio del alumno/a
— Guion de prácticas (proporcionado en formato Word). — Bolígrafo, lápiz, goma de borrar. — Regla. — Calculadora. — Lápices de colores. — Plastilina.
Material para la mesa del profesor/a
— No es necesario un material específico.
Material para cada puesto
— Lupa de mano. — Lupa estereoscópica. — Plastilina y concha de bivalvo. — 5 m de cordón y 3 trocitos de cuerda fina. — Caja de ejemplares de fósiles reales y restos de organismos. — Documentos complementarios (guía de identificación de fósiles, tabla de edades relativas de los fósiles más comunes, esquema de tipos de fosilización).

5.1. ¿QUÉ ES UN FÓSIL?

Un **fósil** es el resto de un ser vivo que habitó en el pasado, o cualquier evidencia de su actividad (icnofósiles), y que ha llegado hasta nuestros días gracias a su conservación en las rocas y sedimentos. La inmensa mayoría de los fósiles corresponden a las partes duras del animal, la concha de diversos invertebrados (esqueletos externos) o a los huesos de los vertebrados (esqueletos internos). En condiciones excepcionales se conservan partes blandas, por ejemplo los insectos conservados en ámbar (resina fósil) o los cadáveres congelados y momificados de mamuts. Sin embargo, también son comunes los moldes (internos o externos) de organismos, es decir, el organismo se descompone e incluso se disuelven sus partes duras, pero en el sedimento se conserva un molde de cómo era antes de desaparecer. Los icnofósiles o icnitas, en sus diversas modalidades, son elementos fosilizados de trazas de actividad de un organismo: marcas, huellas o pisadas de animales, huevos fosilizados, excrementos (denominados *coprolitos*), etc.

5.2. ¿CÓMO SE PUEDE FORMAR UN FÓSIL?

La probabilidad de que un organismo o parte de él resista el paso del tiempo y se convierta en un fósil va a depender de su composición y de las condiciones fisicoquímicas a las que esté expuesto. Los restos tienen que ser cubiertos de forma rápida por sedimentos para evitar que se destruyan por los procesos sedimentarios (meteorización, erosión y transporte) o sean devorados por otros seres vivos. Los esqueletos internos o externos contienen una gran cantidad de materia mineral y se conservan con más facilidad, mientras que los tejidos blandos en casi la totalidad de los casos se descomponen rápidamente. Sin embargo, la ausencia de oxígeno (como ocurre en las ciénagas, por ejemplo) puede contribuir excepcionalmente a su conservación o más frecuentemente a la de sus moldes. Según el proceso de formación distinguimos **tres tipos de fósiles:**

1. **Los que conservan la forma y la composición química del organismo vivo.** Son los más extraños, ocurriendo en los que son más recientes. No suelen sobrepasar los 2 millones de años de antigüedad. Aquí se incluirían los *fósiles de inclusión* (en brea, ámbar, petróleo, turba, etc.) y los *fósiles conservados en hielo* (momificación), pero también los esqueletos externos que se han conservado sin modificarse (por ejemplo, una concha de caracola marina de hace 3 millones de años).

2. **Los que conservan la morfología, pero con una composición química diferente** se denominan *fósiles de sustitución*. La composición química cambia porque la sustancia original del esqueleto interno o externo es sustituida por sustancias de los materiales que rodean a los restos, normalmente calcita o sílice.

3. **Los que conservan la forma indirectamente y su composición química es diferente.** Son los más abundantes y se originan porque el esqueleto se disuelve progresivamente tras quedar englobado en los sedimentos que cubren al resto del ser vivo. Estos sedimentos se transformarán, por compactación y removilización de fluidos, en una roca sedimentaria. Lo que se conser-

va del ser vivo está formado por dos **moldes,** uno externo y otro interno. El *molde externo* es la huella dejada por la superficie exterior de los restos del animal en el sedimento que lo cubrió: *fósiles de huella*. El *molde interno* está formado por los sedimentos que penetraron en el hueco resultante de la disolución del esqueleto o restos del ser vivo: *fósiles de relleno o vaciado*.

5.3. ¿PARA QUÉ SIRVEN LOS FÓSILES?

En el estudio de la evolución y la diversidad de los seres vivos se indica la importancia que tienen los fósiles como prueba de los procesos evolutivos. El estudio de los fósiles también nos permite comprender que los procesos evolutivos tienen una duración que llega a los millones de años (Ma). Entender el tiempo evolutivo, paralelo al tiempo geológico, es de gran dificultad a todas las edades, por lo que se pueden utilizar varias analogías para intentar acercarnos a su comprensión. Además, los fósiles no solo nos ayudan a conocer los organismos del pasado y su actividad, sino también a saber en qué ambiente vivían y cómo estaban distribuidos esos seres vivos por el planeta.

Los fósiles se preservan en sedimentos que se depositan en capas o estratos. Por lo tanto, los estratos que engloban a un fósil tienen aproximadamente la misma edad que el fósil (por ejemplo, si el organismo vivió hace 250 millones de años, y al morir fue rápidamente enterrado y se fosilizó, podemos asumir que el estrato que contiene a ese fósil tiene aproximadamente 250 millones de años. Los fósiles sirven, por tanto, para datar (asignar edades) a las rocas y sedimentos que los contienen. Si a eso le sumamos algunas otras técnicas, cuando tengamos una serie de estratos unos sobre otros, con distintos fósiles en su interior, podremos ordenar los estratos de forma relativa entre ellos, es decir, saber cuáles son más antiguos y cuáles son más modernos, en función de los fósiles que contienen.

A esto hay que sumarle que algunas formas de vida solo han existido en un determinado período de tiempo. Por tanto, cuando se fosilizan y aparecen en una roca, podemos afinar bastante con la estimación de la edad de dicha roca o del estrato que forma. Estos restos fósiles se consideran característicos de un momento geológico determinado, como los peces del Silúrico, los helechos del Carbonífero o los dinosaurios del Jurásico y Cretácico.

Además, cuando los organismos que se han fosilizado vivieron en amplias zonas geográficas se habla de *fósiles guía,* que nos ayudan a saber que los estratos que encontramos en dos zonas muy alejadas del planeta y que contienen ese fósil son de la misma edad.

5.4. EL TIEMPO GEOLÓGICO Y LA HISTORIA DE LA VIDA

El tiempo es un elemento continuo, sin interrupciones, pero el ser humano lo divide en segmentos para facilitar su comprensión. Al igual que un libro se divide en secciones y capítulos, la historia de la Tierra y de la vida se divide basándose en los acontecimientos más relevantes desde el punto de vista geológico (grandes procesos tectónicos) y biológico (extinciones masivas). El tiempo geológico y el tiempo evolutivo se organizan en una serie de categorías jerárquicas que, de mayor a menor, son las siguientes: eón, era, período y época (existen otras categorías inferiores que no consideramos).

En la siguiente página se muestra una tabla que resume los sucesos biológicos y los fósiles destacados de cada período geológico. Su consulta es útil para las actividades a realizar.

La Tierra tiene una edad aproximada de 4.600 millones de años (Ma). Tanto tiempo resulta casi imposible de imaginar para los humanos, por lo que el tiempo geológico constituye una de las mayores dificultades de aprendizaje en Ciencias de la Tierra. Por tanto, para su enseñanza debemos buscar **analogías temporales y representaciones visuales** que nos ayuden a ver de forma relativa el tiempo que ha transcurrido entre los distintos eventos. Una analogía temporal para comprender la historia de la Tierra y de las formas de vida de su pasado es realizar un calendario en el que toda la historia se comprime en un año. Las cero horas del 1 de enero correspondería al momento de la formación del planeta y las doce de la noche del 31 de diciembre corresponderían al día de hoy. Con ello podemos ir situando los diferentes acontecimientos sobre el calendario, calculando a cuántos millones de años equivale un día, una hora o un minuto. Con esta analogía, un día de este calendario equivale a unos 12,5 millones de años (resultado de dividir 4.600/365). Cada hora de ese año correspondería, aproximadamente, a 0,5 millones de años (medio millón de años, resultado de dividir 4.600/8.760 horas que tiene un año). Cada minuto de ese año (un año tiene 525.600 minutos) corresponde a 8.700 años. Se podrían plantear analogías equivalentes, comparando la historia de la vida y la Tierra con la longitud de un pasillo del centro educativo u otros elementos de la vida cotidiana.

© Ediciones Pirámide

5.5. TABLA DE SUCESOS BIOLÓGICOS Y FÓSILES DESTACADOS DE CADA PERÍODO GEOLÓGICO

Tiempo (Ma)	Eón	Era	Período	Eventos biológicos	Fósiles destacados (fósiles guía en negrita)
2,6	Fanerozoico	Cenozoico	CUATERNARIO	Aparición *Homo sapiens* (200.000 años). Aparición del género Homo (2,5 Ma). Inicio glaciaciones cuaternarias (2,6 Ma).	Restos de *Homo* y sus industrias líticas. **Dientes de micromamíferos.**
23			NEÓGENO	Primeros homínidos (7 Ma).	Otros restos de mamíferos. **Dientes de micromamíferos.**
66			PALEÓGENO	Radiación de los mamíferos (se extienden).	Nummulites (foraminíferos)
145		Mesozoico	CRETÁCICO	Extinción masiva al final de la era. Primeras angiospermas (130 Ma). Dominio de los dinosaurios.	**Ammonites,** belemnites, crinoides, **dinosaurios.**
201			JURÁSICO	Primeras aves (160 Ma). Dominio de los dinosaurios.	**Ammonites,** belemnites, crinoides, **dinosaurios.**
251			TRIÁSICO	Primeros mamíferos (205 Ma). Primeros dinosaurios (225 Ma).	Ammonites, crinoides.
299		Paleozoico	PÉRMICO	Extinción masiva al final de la era.	**Trilobites,** goniatites, helechos, tetracorales.
359			CARBONÍFERO	Grandes bosques de helechos gigantes. Plantas gimnospermas (300 Ma). Primeros reptiles (315 Ma).	**Trilobites,** goniatites, helechos, tetracorales.
419			DEVÓNICO	Primeros anfibios (395 Ma). Primeros insectos (400 Ma).	**Trilobites,** helechos, tetracorales.
443			SILÚRICO	Primeras plantas vasculares (420 Ma). Primeros peces cartilaginosos.	**Trilobites,** graptolites.
485			ORDOVÍCICO	Primeras plantas terrestres (484 Ma).	**Trilobites,** graptolites.
541			CÁMBRICO	Primeros peces con mandíbulas (505 Ma). Primeros vertebrados (525 Ma). Radiación del Cámbrico (541 Ma). Primeros invertebrados con concha (gasterópodos).	**Trilobites,** arqueociatos (esponjas fósiles).
2500	Proterozoico		PRECÁMBRICO	Primeros animales (Fauna de Ediacara, 635-542 Ma). Primeras algas pluricelulares (1200 Ma). Primeros hongos (1300 Ma). Primeras células eucariotas (1500 Ma).	Fauna de Ediacara (restos de gusanos y esponjas).
4000	Arcaico			Primeros organismos fotosintéticos (Cianobacterias) (3500 Ma).	Estromatolitos (formados por cianobacterias).
4600	Hádico			Primeras formas de vida (bacterias procariotas, 4290 Ma). **Formación de la Tierra (4600 Ma).**	Sin registro fósil.

© Ediciones Pirámide

PRÁCTICA NÚMERO 5 – ACTIVIDADES

FÓSILES Y EVOLUCIÓN EN LA ESCALA DE TIEMPO GEOLÓGICO

Alumno/a/s:

Profesor/a: _____

Calificación y comentarios:

ACTIVIDAD 5.1.   PREVIA

Nombra dos ejemplos de recursos que podrías usar para trabajar con tus alumnos de Educación Primaria los contenidos de tiempo geológico y fósiles y motivarlos, y **explica brevemente** cómo los utilizarías para tal fin en el aula.

ACTIVIDAD 5.2.

En el ejercicio propuesto a continuación se establece una analogía entre la escala del tiempo y la longitud.

Hay dibujadas dos líneas de 10 cm que representan dos ejes cronológicos, el eje A (evolución humana en el último millón de años) y el eje B (civilización humana en los últimos 10.000 años). Usando el presente como punto de referencia (que por simplificar consideramos que es el año 2000), marca en la línea A los eventos 1 a 5 de la tabla inferior (los eventos 6 a 10 ya están marcados en la línea B), indicando las distancias correspondientes. **Compara** cuántos milímetros ocupan los últimos 10.000 años en la línea A y en la línea B y comenta tus observaciones. ¿Crees que esta analogía puede ser útil a los alumnos de Educación Primaria para comprender mejor el tiempo geológico?

Número de evento	Años atrás desde el presente	Evento
1	900.000	El *Homo antecessor* habita en Atapuerca.
2	600.000	Aparece el *Homo heidelbergensis* en España.
3	230.000	Primeros *Homo neanderthalensis* europeos.
4	200.000	Aparición del *Homo sapiens* en África.
5	10.000	Extinción de los últimos neandertales.

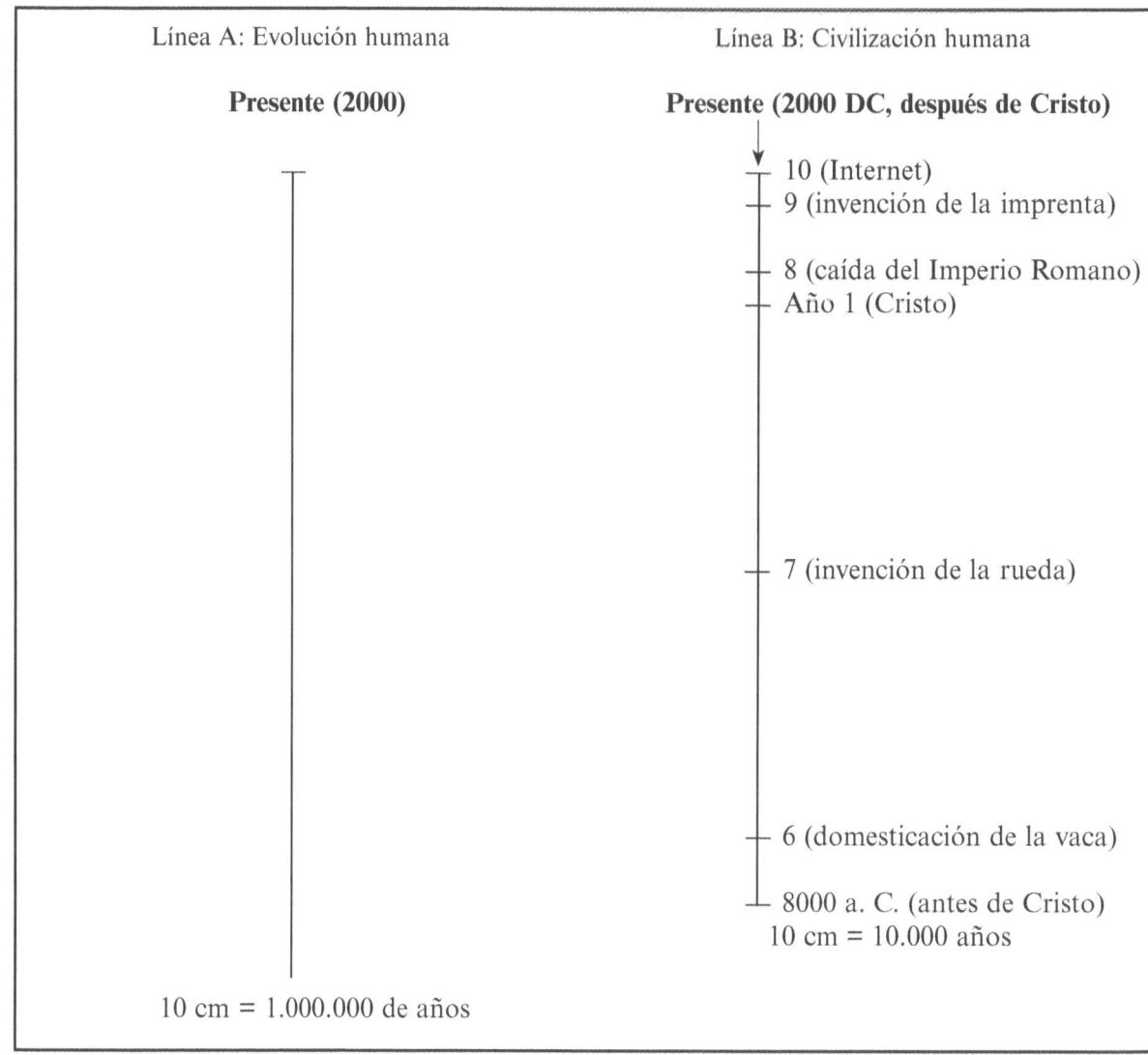

Línea A: Evolución humana   Línea B: Civilización humana

Presente (2000)   **Presente (2000 DC, después de Cristo)**

10 (Internet)
9 (invención de la imprenta)

8 (caída del Imperio Romano)
Año 1 (Cristo)

7 (invención de la rueda)

6 (domesticación de la vaca)

8000 a. C. (antes de Cristo)
10 cm = 10.000 años

10 cm = 1.000.000 de años

ACTIVIDAD 5.3.

Identificación de formas fósiles

Cada grupo de trabajo tiene varias muestras de fósiles. Con la ayuda del material complementario que se proporciona y del tema 6 de teoría, completa los datos de cuatro de ellos, incluyendo alguno de los fósiles guía mencionados anteriormente.

Ficha paleontológica 1	
Nombre común del fósil:	Dibujo del fósil:
Filo animal al que corresponde:	
Tipo de resto fósil que es (organismo completo, molde interno o externo, etc.):	
Era/s y período/s en que apareció y se extinguió:	
Ecosistema donde vivió el organismo que dio lugar al fósil (medio terrestre/medio marino):	

Ficha paleontológica 2	
Nombre común del fósil:	Dibujo del fósil:
Filo animal al que corresponde:	
Tipo de resto fósil que es (organismo completo, molde interno o externo, etc.):	
Era/s y período/s en que apareció y se extinguió:	
Ecosistema donde vivió el organismo que dio lugar al fósil (medio terrestre/medio marino):	

Ficha paleontológica 3	
Nombre común del fósil:	Dibujo del fósil:
Filo animal al que corresponde:	
Tipo de resto fósil que es (organismo completo, molde interno o externo, etc.):	
Era/s y período/s en que apareció y se extinguió:	
Ecosistema donde vivió el organismo que dio lugar al fósil (medio terrestre/medio marino):	

Ficha paleontológica 4	
Nombre común del fósil:	Dibujo del fósil:
Filo animal al que corresponde:	
Tipo de resto fósil que es (organismo completo, molde interno o externo, etc.):	
Era/s y período/s en que apareció y se extinguió:	
Ecosistema donde vivió el organismo que dio lugar al fósil (medio terrestre/medio marino):	

ACTIVIDAD 5.4.

A continuación aparece una escala de tiempo geológico en el que se muestra de forma proporcional cuánto tiempo ha pasado desde el inicio del Cámbrico hasta la actualidad. Utilizando la información de la tabla del apartado 5.5 del tema 6, sitúa en dicha escala la aparición (y extinción, si se extinguieron) de los cuatro fósiles que has identificado. Además, sitúa también la extinción de los dinosaurios (hace 66 Ma) y la aparición de los primeros *Homo sapiens* (hace 200.000 años). **Explica si te ha parecido útil esta actividad para comprender mejor el tiempo que ha pasado desde el Cámbrico hasta la actualidad, y si la usarías con tus alumnos de primaria y por qué.**

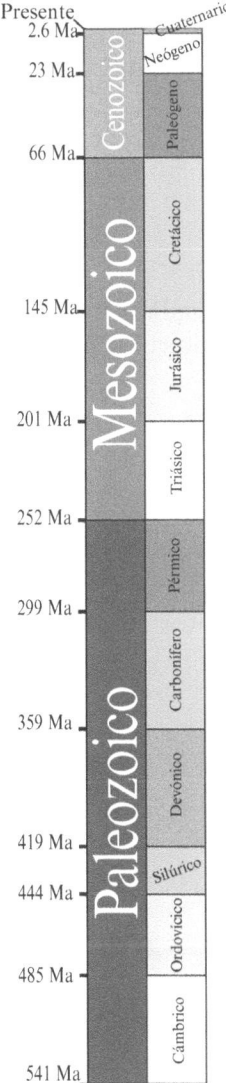

ACTIVIDAD 5.5.

«El hilo del tiempo»: una analogía de tiempo y longitud

En este ejercicio propuesto a continuación se establece una analogía entre la escala del tiempo geológico y la longitud. Este tipo de analogías son muy ilustrativas, mostrando la inmensidad del tiempo que ha transcurrido desde el nacimiento del Sistema Solar o, por ejemplo, la pequeña porción de tiempo geológico que conocemos a través del registro fósil. Para ello toma un hilo o una cuerda de unos 4,6 m de longitud, donde cada milímetro corresponde a un millón de años. Uno de los extremos corresponde a la actualidad, y el otro, al nacimiento del Sistema Solar.

Partiendo del extremo correspondiente a la actualidad, **calcula las distancias** sobre la cuerda donde marcar los siguientes eventos importantes y **realiza un nudo en cada una:**

1. *Formación del planeta Tierra.*
2. *Límite Precámbrico/Cámbrico.*
3. *Límite Pérmico/Triásico.*
4. *Límite Cretácico/Paleógeno.*

Comenta las conclusiones obtenidas con la experiencia y **propón otra analogía** que pudiera ser utilizada para la consecución de este objetivo, indicando claramente el objeto o blanco y su análogo.

Interpretación didáctica de conceptos de Ecología

6

Objetivos de la práctica

— Conocer los componentes básicos de un ecosistema.
— Diferenciar las definiciones de los términos clave sobre un ecosistema.
— Reflexionar sobre las relaciones intra e interespecíficas que se establecen en un ecosistema.
— Conocer los procedimientos básicos de muestreo de organismos fijos y móviles.
— Practicar estos tipos de muestreo con situaciones análogas sencillas.
— Reflexionar sobre el papel del azar en los resultados obtenidos.
— Practicar la representación de cadenas tróficas con atención al detalle didáctico de sus elementos componentes.
— Valorar la dificultad de realización de muestreos en contextos reales.

Dificultades más frecuentes

— Confusión en la interpretación del sentido de las flechas en una cadena trófica.
— Problemas en la interpretación de las consecuencias de alteraciones en el número de individuos de las especies en las redes tróficas.
— Problemas en la realización de los cálculos al aplicar la fórmula del caso de especies móviles.
— Dificultades en el enfoque diferenciador entre Ecología y ecologismo.

MATERIALES NECESARIOS

Material propio del alumno/a
— Guion de prácticas. — Bolígrafo, lápiz, goma de borrar. — Calculadora.
Material para la mesa del profesor/a
— No es necesario un material específico.
Material para cada puesto
— Hojas de textos para la actividad 6.7. — Una bolsa de tela. — Vasos de plástico medianos. — Canicas, garbanzos, otras semillas vegetales o piezas de pasta alimenticia. — Rotuladores permanentes de punta gruesa o canicas de un color distinto a las anteriores.

6.1. COMPONENTES BÁSICOS DE UN ECOSISTEMA

El ecosistema está formado por unos componentes no vivos, al conjunto de los cuales se denomina *biotopo,* y por una serie de seres vivos que conocemos como *biocenosis*. El biotopo incluye el sustrato por el que se desplaza o se asienta el ser vivo y también los *factores ecológicos* (bióticos o abióticos) que les afectan. La biocenosis es diversa, es decir, está formada por un número determinado de especies que, para una mejor comprensión del conjunto, debemos conocer y estudiar. Uno de los primeros parámetros a tener en cuenta es la *población* o el número de individuos de cada una de las especies del ecosistema en estudio.

6.2. MUESTREO DE ESPECIES

Para poder efectuar un **muestreo,** se recurre al uso de técnicas indirectas mediante las cuales se aísla una pequeña parte de una población, se determinan sus valores y se hace una extrapolación. Para realizar esto solo se debe cumplir una condición, que la distribución de los organismos sea homogénea dentro del ecosistema. Los procedimientos varían mucho según se trate de seres fijos o móviles.

Para el caso de las **especies fijas,** suele hacerse de dos maneras:

a) Se determinan *uno o varios puntos al azar,* y a su alrededor se delimita una superficie conocida de la que se evalúan las especies que encontramos en esta área y luego se extrapola al área total del ecosistema en estudio.

b) Se hace un *transecto,* es decir, un recorrido de una distancia determinada y en línea recta, anotando las especies observadas. Luego, al igual que en el caso anterior, se extrapola. En ambos casos es aconsejable realizar varias repeticiones y hacer un promedio de los datos obtenidos para luego extrapolar al ecosistema.

Si se trata de **especies móviles,** el problema radica en que generalmente se esconden y son de difícil localización. En estos casos se recurre a unas técnicas de muestreo basadas en el principio de que una parte de un colectivo reproduce las proporciones del total. No existen garantías de que la recolección y captura se hagan al azar, ya que las jaulas pueden asustar a los animales o puede que algunos se dejen capturar para obtener la comida, o también puede ocurrir que un mismo animal sea capturado varias veces y se contabilice erróneamente.

Una solución habitual es la *técnica de marcado de los animales.* Esta técnica nos permite identificarlos en el momento de su captura y, lo que es más importante, son sus recapturas las que nos proporcionan la información que se necesita para poder estimar el tamaño de la población. Deben realizarse varios muestreos al igual que se hizo anteriormente. El anillado de aves corresponde con este tipo de muestreo.

El fundamento matemático es muy sencillo: si tenemos dos conjuntos, uno de animales sin marcar, que no conocemos, y otro de animales marcados que sí conocemos, cuando realicemos una captura, la proporción entre animales capturados marcados y no marcados será la misma que entre población marcada y sin marcar según la fórmula siguiente:

$$\frac{N - n}{n} = \frac{a}{b}$$

$N \rightarrow$ Número de individuos totales en la población.
$n \rightarrow$ Número de individuos marcados.
$a \rightarrow$ Número de individuos capturados sin marcar.
$b \rightarrow$ Número de individuos capturados marcados.

El objetivo de las actividades 6.7 y 6.8 es practicar los métodos de muestreo descritos, así como aprender a llevarlos a cabo con materiales alternativos a los reales, pero conservando las características básicas de la realidad del procedimiento.

PRÁCTICA NÚMERO 6 – ACTIVIDADES

INTERPRETACIÓN DIDÁCTICA DE CONCEPTOS DE ECOLOGÍA

Alumno/a/s:

Profesor/a: _____

Calificación y comentarios:

ACTIVIDAD 6.1.   PREVIA

Elabora un **mapa conceptual** con las ideas principales de los epígrafes 3 («La importancia de la energía en los ecosistemas») y 5 («Relaciones intra e interespecíficas») del tema 7 *(Fundamentos de Ecología)*, del manual de teoría de la asignatura.

ACTIVIDAD 6.2. PREVIA

Busca las definiciones de los siguientes pares de conceptos y, tras **comparar** sus definiciones, **indica qué** tienen **en común** y **qué** los **diferencia** en cada uno de los elementos de la pareja:

a) ecólogo/ecologista;
b) ecosistema/hábitat;
c) cadena trófica/red trófica;
d) nivel trófico/pirámide trófica;
e) relaciones tróficas/relaciones interespecíficas;
f) ciclo de materia/flujo de energía.

	Lo que tienen en común	Lo que los diferencia
Ecólogo/Ecologista		
Ecosistema/Hábitat		
Cadena trófica/Red trófica		
Nivel trófico/Pirámide trófica		
Relaciones tróficas/Relaciones interespecíficas		
Ciclo de materia/Flujo de energía		

ACTIVIDAD 6.3.   PREVIA

Las imágenes, ya sean en forma de dibujos, de fotografías o de otros tipos de representaciones gráficas, son una herramienta didáctica muy importante en el aprendizaje de las Ciencias Naturales al permitir hacer visibles y cercanos al alumnado modelos de gran complejidad de abstracción. A pesar de su importancia, en la mayoría de las aulas los alumnos las utilizan como objetos de comunicación de conocimiento ya dados. Se encuentran en los textos ya elaborados, pero raramente los construyen ellos mismos. Casi nunca se reflexiona acerca de lo que significan o el proceso que representan.

En esta sesión se va a trabajar con la representación de dos conceptos: la cadena trófica y la red trófica, que son muy usuales en los libros de texto escolares. En el manual de teoría de la asignatura puedes ver ejemplos de cadena trófica y de red trófica en las figuras 7.5 y 7.6, respectivamente.

Construcción de una representación

A partir de los siguientes elementos, **construir** una cadena trófica y asignar a cada uno su nivel trófico correspondiente, **representándola con un dibujo.**

— *Elementos:* hierba, zorro, conejo, águila.
— *Conectores:* flechas.
— *Nivel trófico:* productor, consumidor terciario, consumidor secundario y consumidor primario.

ACTIVIDAD 6.4. PREVIA

Adquisición de significado

a) De los dos ejemplos de cadena trófica siguientes, **indica** cuál crees que está bien representado y justifica tu respuesta.

1. Hojas de → Lombriz → Erizo → Zorro
2. Hierba ← Saltamontes ← Araña ← Sapo ← Culebra

b) ¿Qué **significado** tiene el elemento flecha en cada una de las representaciones?

c) ¿Qué nivel crees que faltaría en la representación de esta cadena trófica? ¿Cuál sería su función? **Construye** el correspondiente esquema. Revisa tu dibujo de la actividad anterior 6.3 y modifícalo si lo consideras oportuno.

ACTIVIDAD 6.5.

Interpretación del significado

En la siguiente red trófica, predice qué consecuencias tendrá para el resto de la red cada uno de los siguientes acontecimientos:

a) Debido a una plaga de insectos, toda la población P2 ha desaparecido. ¿Qué ocurrirá con H3 y CT1?

b) Debido a una suelta ilegal de CS1 de una granja de animales, su población se ha duplicado. ¿A qué poblaciones afectará? ¿De qué modo?

Red trófica: P = productor, H = herbívoro, CS = consumidor secundario, CT = consumidor terciario

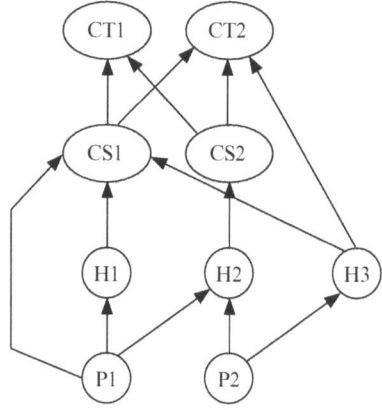

ACTIVIDAD 6.6.

En la red trófica marina que se reproduce, **identifica y nombra** los niveles tróficos a los que pertenecen los organismos que aparecen.

Comenta qué ocurriría si alguno de los seres vivos representados desapareciera (simula al menos un caso distinto al del atún) y si algún otro aumentara en gran cantidad su presencia (simula un caso).

¿Qué consecuencias puedes predecir si se redujese mucho la población de atún, por ejemplo, debido a una sobrepesca mantenida en tiempos pasados?

¿Crees que falta algún nivel en la red trófica representada en la figura?

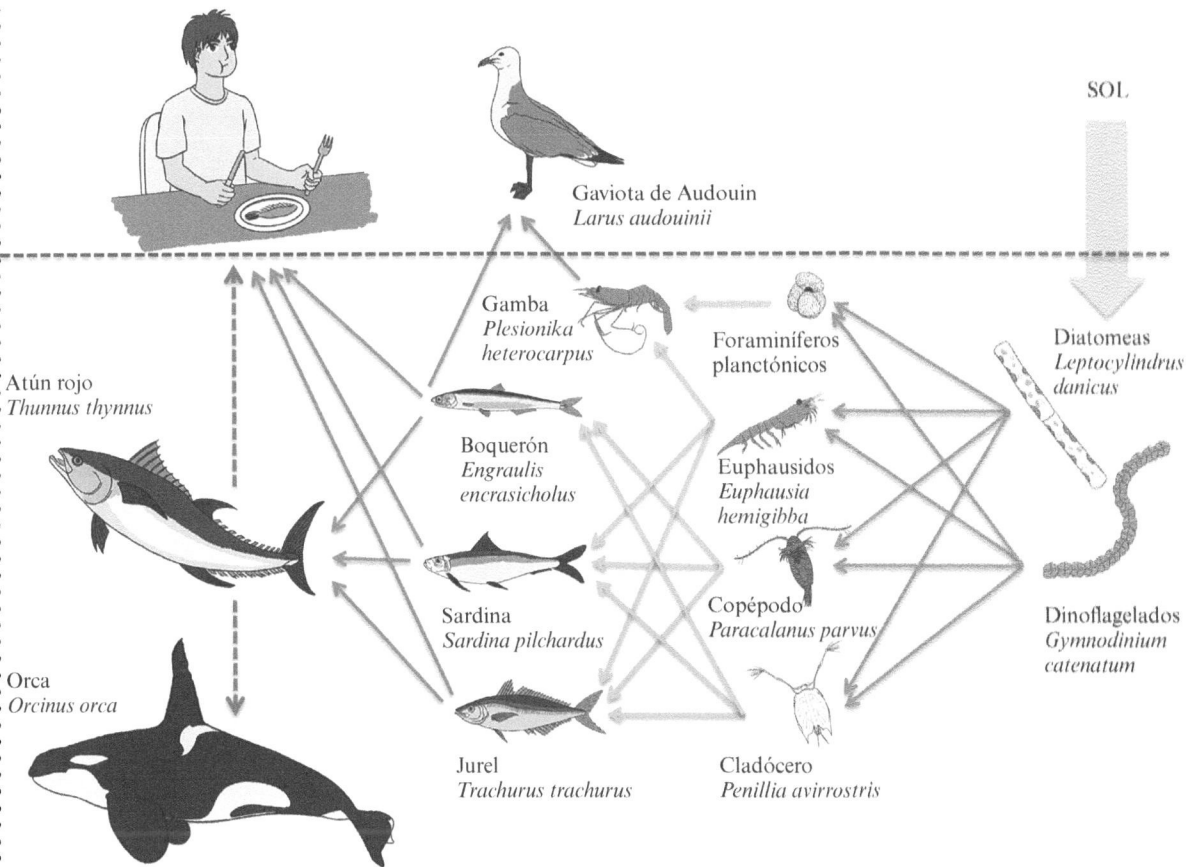

Red trófica. Ilustración: Marta Hódar Jiménez.

ACTIVIDAD 6.7.

6.7.1. Muestreo de organismos fijos

Estimar el número de individuos de las especies _____, _____, _____.
Completar la tabla de recogida de datos para organismos fijos disponible en la página siguiente, incluyendo las operaciones y cálculos realizados. Se han de contabilizar en 5 cuadrículas tomadas al azar de un total de 96 cuadrículas que hay en el texto.

Para este caso podemos utilizar un texto. El texto representaría el ecosistema y cada una de las letras una especie, así en total tendríamos 28 especies. El texto puede dividirse en cuadrículas, de las cuales se eligen varias al azar y se recuentan las letras seleccionadas. Después se hace la media de las cuadrículas y obtendremos el dato de una letra determinada. Si sabemos el número de cuadros totales que hay en el ecosistema, ya solo nos queda aplicar una regla proporcional. Han de realizarse tres repeticiones.

Pasos a seguir. *Ejemplo:*

— Dividimos un texto en 60 cuadrículas.
— Elegimos al azar 4 cuadrículas de esas 60 y contamos, por ejemplo, la letra «a».
— Anotamos los resultados de cada una de las 3 repeticiones: [5, 3, 3, 2], [4, 7, 2, 3] y [5, 5, 4, 2].
— Las medias son: [13/4 = *3,25*], [16/4 = *4,00*] y [16/4 = *4,00*].
— Es decir: [*3,25 + 4,00 + 4,00*]/ 3 repeticiones = 3,75 letras «a» por cuadro.
— Entonces habría, en términos estimativos: [3,75 × 60] = **225 letras «a»** en los 60 cuadros.

6.7.2. ¿Qué conclusiones habrías obtenido si no hubieras hecho 3 repeticiones, sino solo 1? ¿Qué sentido tiene realizar las repeticiones?

Tabla de recogida de datos para organismos fijos

	Repetición	Número individuos cuadro 1	Número individuos cuadro 2	Número individuos cuadro 3	Número individuos cuadro 4	Número individuos cuadro 5	MEDIA (sumar los anteriores y dividir entre 5)	TOTAL (sumar las medias y dividir entre 3; a continuación, multiplicar por 96)
Especie	1.ª							
	2.ª							
	3.ª							
Especie	1.ª							
	2.ª							
	3.ª							
Especie	1.ª							
	2.ª							
	3.ª							

ACTIVIDAD 6.8.

6.8.1. Muestreo de organismos móviles

Estimar el número de individuos de la especie móvil tras realizar 1 extracción de marcado y 5 extracciones de conteo, realizando los cálculos necesarios. Para ello, completar la tabla de recogida de datos para organismos móviles disponible en la página siguiente, incluyendo las operaciones y cálculos realizados.

Para este caso usamos bolsas opacas en las que hemos introducido un número desconocido de elementos (canicas, garbanzos, otras semillas vegetales o piezas de pasta alimenticia) para simular los individuos de la especie que estamos muestreando. Sin mirar al interior de la bolsa, se realiza una primera extracción (un pequeño puñado) y marcamos con un rotulador a todos los individuos capturados. Estos individuos se devuelven a la bolsa y se mezclan con los no marcados. Posteriormente se realiza una segunda extracción en la que contamos los individuos marcados y sin marcar. Por último, aplicamos la fórmula comentada anteriormente. Hay que realizar varias extracciones para afinar más en la predicción de la población. Finalmente, se hace una media de los resultados obtenidos en los diferentes recuentos.

Nota: Se pueden utilizar elementos de un color distinto para simular los individuos marcados, en lugar de marcarlos con rotulador. Por ejemplo, se puede emplear un conjunto de canicas de dos colores distintos en el que las canicas del color minoritario representen a los individuos marcados.

6.8.2. ¿Qué conclusiones habrías obtenido si no hubieras hecho 5 repeticiones, sino solo 1 o 2 extracciones de conteo? ¿Qué sentido tiene realizar las repeticiones?

Tabla de recogida de datos para organismos móviles

Extracción de marcado	Garbanzos marcados	$n =$
PRIMERA extracción de conteo	Garbanzos marcados	$b =$
	Garbanzos no marcados	$a =$
	$N_1 =$	
SEGUNDA extracción de conteo	Garbanzos marcados	$b =$
	Garbanzos no marcados	$a =$
	$N_2 =$	
TERCERA extracción de conteo	Garbanzos marcados	$b =$
	Garbanzos no marcados	$a =$
	$N_3 =$	
CUARTA extracción de conteo	Garbanzos marcados	$b =$
	Garbanzos no marcados	$a =$
	$N_4 =$	
QUINTA extracción de conteo	Garbanzos marcados	$b =$
	Garbanzos no marcados	$a =$
	$N_5 =$	
VALOR FINAL DE $N = [N_1 + N_2 + N_3 + N_4 + N_5]/5$		

TÍTULOS RELACIONADOS

ACOSO ESCOLAR, *L. López y C. Sabater.*

APLICACIONES DE INTERVENCIÓN PSICOPEDAGÓGICA, *J. N. García-Sánchez (coord.).*

APRENDIENDO A ENSEÑAR, *J. Domingo Segovia y M. Pérez Ferra (coords.).*

APRENDIZAJE COOPERATIVO, *J. C. Iglesias, L. González y J. Fernández-Río (coords.).*

APRENDIZAJE COOPERATIVO CRÍTICO, *A. Ovejero Bernal.*

APRENDIZAJE ORGANIZATIVO E INFORMAL EN LOS CENTROS EDUCATIVOS, *J. Gairín Sallán y D. Rodríguez-Gómez (coords.).*

ATENCIÓN A LA DIVERSIDAD CULTURAL EN EL CONTEXTO EDUCATIVO, *I. González.*

BASES TEÓRICAS Y DE INVESTIGACIÓN EN EDUCACIÓN ESPECIAL, *J. L. Gallego Ortega y A. Rodríguez Fuentes.*

COMPRENDER LAS ORGANIZACIONES EDUCATIVAS, *E. Moreno y J. R. Márquez.*

CONOCER Y COMPRENDER LAS ORGANIZACIONES EDUCATIVAS, *M.ª J. Carrasco, J. M. Coronel, M.ª L. Fernández, M.ª P. García, S. González y E. Moreno.*

COMUNICACIÓN SIMBÓLICA, *M.ª L. Gómez Taibo.*

CONOCIMIENTOS, CAPACIDADES Y DESTREZAS ESTUDIANTILES, *L. M. Villar, P. S. de Vicente y O. M.ª Alegre.*

DESARROLLO CURRICULAR DE LA EDUCACIÓN FÍSICA EN LA EDUCACIÓN INFANTIL, *P. Gil Madrona (coord.).*

DESARROLLO EMOCIONAL EN LOS PRIMEROS AÑOS DE VIDA, *M. Giménez-Dasí y L. Quintanilla Cobián.*

DIAGNÓSTICO PEDAGÓGICO EN EDUCACIÓN PRIMARIA, *Luisa Losada-Puente.*

DIDÁCTICA, *C. Moral Santaella y M.ª P. Pérez García.*

DIDÁCTICA DE LA LENGUA Y EDUCACIÓN LITERARIA, *P. Guerrero y M.ª T. Caro.*

DIDÁCTICA DE LA LENGUA EXTRANJERA EN EDUCACIÓN INFANTIL. Inglés, *B. Cortina-Pérez y A. Andúgar Soto.*

DIDÁCTICA DE LAS CIENCIAS PARA EDUCACIÓN PRIMARIA, *J. M. Vílchez (coords.).*

DIDÁCTICA DE LAS CIENCIAS EXPERIMENTALES II, *F. González (coord.).*

DIDÁCTICA DE LAS CIENCIAS SOCIALES, *Á. Liceras y G. Romero (coords.).*

DIDÁCTICA DE LAS CIENCIAS SOCIALES PARA LA EDUCACIÓN PRIMARIA, *S. Alonso.*

DIFICULTADES DE APRENDIZAJE Y TRASTORNOS DEL DESARROLLO, *M.ª J. Fiuza Asorey y M.ª Pilar Fernández Fernández.*

EDUCACIÓN, NEOLIBERALISMO Y JUSTICIA SOCIAL, *F. M. Martínez.*

EDUCACIÓN ESPECIAL, *A. Sánchez Palomino y J. A. Torres González.*

EDUCACIÓN INFANTIL CONTEMPORÁNEA, *J. Holgado Barroso.*

EDUCACIÓN INTERCULTURAL Y APRENDIZAJE COOPERATIVO, *M.ª J. Díaz-Aguado.*

EDUCACIÓN Y PATRIMONIO CULTURAL, *M.ª de la E. Cambil y A. Tudela (coords.).*

ELEMENTOS DE DIDÁCTICA DE LA MATEMÁTICA PARA EL PROFESOR DE SECUNDARIA, *L. Rico Romero y A. Moreno Verdejo (coords.).*

ENRIQUECIMIENTO DE LOS APRENDIZAJES MATEMÁTICOS EN INFANTIL Y PRIMARIA CON EL MÉTODO ABN, *J. Martínez Montero y C. Sánchez Cortés.*

ENSEÑANZA Y APRENDIZAJE DE LAS MATEMÁTICAS EN EDUCACIÓN INFANTIL, *E. Castro Martínez (coord.).*

ENSEÑANZA Y APRENDIZAJE DE LAS MATEMÁTICAS EN EDUCACIÓN PRIMARIA, *L. Rico Romero y P. Flores Martínez (coords.).*

ENSEÑANZA DE LAS CIENCIAS DE LA NATURALEZA EN EDUCACIÓN INFANTIL, *R. Quijano López (coord.)*

ENTORNO, SOCIEDAD Y CULTURA EN EDUCACIÓN INFANTIL, *A. L. Bonilla Martos e Y. Guash Marí (coords.).*

ESCRITURA Y LECTURA EN EDUCACIÓN INFANTIL (MANUAL + CUADERNILLO), *F. Guzmán Simón, M. Navarro Pablo y E. García Jiménez.*

ESCUELA Y TOLERANCIA, *M.ª J. Díaz-Aguado.*

ESTRATEGIAS DE APRENDIZAJE, *J. A. González-Pienda, J. C. Núñez Pérez, L. Álvarez Pérez y E. Soler Vázquez (coords.).*

ESTRATEGIAS PARA MEJORAR EL RENDIMIENTO ACADÉMICO DE LOS ADOLESCENTES, *M. A. Adell i Cueva.*

ESTRATEGIAS Y RECURSOS DIDÁCTICOS PARA LA ENSEÑANZA DE LAS CIENCIAS SOCIALES, *A. M.ª Hernández Carretero (coord.).*

EVALUACIÓN E INTERVENCIÓN DIDÁCTICA, *F. Peñafiel Martínez, J. A. Torres González y J. M.ª Fernández Batanero.*

EVALUACIÓN E INTERVENCIÓN PSICOEDUCATIVA EN DIFICULTADES DE APRENDIZAJE, *A. Miranda, E. Vidal-Abarca y M. Soriano.*

FORMACIÓN PERMANENTE DEL PROFESORADO, *M.ª Rodríguez Moneo, J. J. Aparicio Frutos y C. Abraham Parellada.*

INICIACIÓN ESCOLAR A LA ESCRITURA Y LA LECTURA, *A. Suárez Yáñez.*

INNOVACIÓN EDUCATIVA, *M. Fernández y Noelia Alcaraz (coords.).*

INNOVACIÓN, FORMACIÓN Y TRANSFORMACIÓN EN LA PRÁCTICA DOCENTE, *C. Solís, M. Ferreras, O. Moreno y P. Moreno (coords.).*

INTERVENCIÓN PSICOEDUCATIVA, *L. Álvarez Pérez, J. A. González-Pienda, J. C. Núñez Pérez y E. Soler Vázquez.*

INTERVENCIÓN PSICOEDUCATIVA EN NIÑOS CON TRASTORNOS GENERALIZADOS DEL DESARROLLO, *F. Alcantud Marín (coord.).*

INTERVENCIÓN PSICOPEDAGÓGICA EN LOS TRASTORNOS DEL DESARROLLO, *J. N. García Sánchez (coord.).*

INTERVENCIÓN PSICOPEDAGÓGICA Y CURRÍCULUM ESCOLAR, *J. A. Beltrán, V. Bermejo, L. F. Pérez, M.ª D, Prieto, D. Vence y R. González.*

LA ALTERIDAD EN EDUCACIÓN, *J. L. Gallego y A. Rodríguez.*

LA EDUCACIÓN REPENSADA, *M.ª R. Belando-Montoro (coord.).*

LA ENSEÑANZA DEL ENTORNO EN EDUCACIÓN INFANTIL, *M.ª Puig y F. Rodríguez.*

LA ESCUELA A EXAMEN, *M. Fernández Enguita.*

LA ORIENTACIÓN EN EDUCACIÓN INFANTIL, *R. Mérida Serrano, A. Ramírez García, C. Corpas Reina y M.ª E. González Alfaya.*

LA PEDAGOGÍA EN EL LABERINTO, *R. Soler.*

LAS CIENCIAS DE LA NATURALEZA EN LA EDUCACIÓN INFANTIL, *R. Fernández Manzanal y M. Bravo Tudela.*

LEER PARA APRENDER, *D. Rose y J. R. Martin.*

LOS MEDIOS Y LAS TECNOLOGÍAS EN LA EDUCACIÓN, *M. Area Moreira.*

LOS PROYECTOS DE TRABAJO, *M.ª P. Bravo, B. Corpas, M.ª C. Encinas, M.ª E. González (coord.), O. M.ª Guzmán, M.ª C. Lara, M.ª C. León, A. López, M. López, R. Mérida (coord.), M.ª Á. Olivares (coord.) y N. Sánchez.*

LOS TRASTORNOS EN EL NEURODESARROLLO (MANUAL + LIBRO DE PRÁCTICAS), *R. Lavigne, J. F. Romero, G. Rodríguez, M. Romero, R. Juárez, S. Gamboa y A. M. González.*

MANUAL DE DIDÁCTICA, *I. Gómez Hurtado y F. J. García Prieto.*

MANUAL DE DIDÁCTICA GENERAL PARA LA DIVERSIDAD, *I. Gómez y F. J. García.*

MANUAL DE DIDÁCTICA GENERAL PARA MAESTROS DE EDUCACIÓN INFANTIL Y DE PRIMARIA, *B. Bermejo y C. Ballesteros (coords.).*

MANUAL DE DIFICULTADES DE APRENDIZAJE, *M.ª del R. Ortiz González.*

MANUAL DE LOGOPEDIA, *F. Villegas Lirola.*

MANUAL DE PSICOLOGÍA DE LA EDUCACIÓN, *J. A. González-Pienda, R. González Cabanach, J. C. Núñez Pérez y A. Valle Arias (coords.).*

MANUAL DE TUTORÍA Y ORIENTACIÓN EN LA DIVERSIDAD, *J. Riart (coord.).*

MANUAL PARA EL DESARROLLO DE LA METODOLOGÍA ACTIVA Y EL PENSAMIENTO VISIBLE EN EL AULA, *I. M.ª Gómez, E. Rubiano y P. Gil (coords.).*

MATEMÁTICAS PARA MAESTROS DE EDUCACIÓN PRIMARIA, *I. Segovia y L. Rico.*

METODOLOGÍA DE LA ACCIÓN TUTORIAL EN EDUCACIÓN PRIMARIA, *A. Ramírez.*

NUEVAS TECNOLOGÍAS PARA LA EDUCACIÓN EN LA ERA DIGITAL, *J. A. Ortega Carrillo y A. Chacón Medina (coords.).*

NUEVOS ESCENARIOS DIGITALES, *J. Barroso y J. Cabero (coords.).*

OPTIMIZACIÓN DEL DESARROLLO Y PREVENCIÓN DE RIESGOS EN EL AULA DE EDUCACIÓN INFANTIL (MANUAL + SEMINARIOS), *M.ª Fernández Cabezas, A. Burgos García, G. Alba Corredor y A. Justicia Arráez.*

ORIENTACIÓN PSICOPEDAGÓGICA Y CALIDAD EDUCATIVA, *R. Sanz Oro.*

PLANIFICACIÓN E INNOVACIÓN EN EDUCACIÓN PRIMARIA, *V. J. Llorent (coord.).*

PRÁCTICAS DE PSICOLOGÍA DE LA EDUCACIÓN, *L. Álvarez Pérez, J. A. González-Pienda, P. González-Castro y J. C. Núñez Pérez.*

PRÁCTICAS DE PSICOLOGÍA DEL APRENDIZAJE (MANUAL + CUADERNILLO), *E. Merino Tejedor y J. A. Valdivieso Burón.*

PSICOLOGÍA DE LA EDUCACIÓN (2 Vols.), *S. Rodríguez Sánchez (coord.).*

PSICOLOGÍA PARA DOCENTES, *E. Briones Pérez y Alicia Gómez-Linares (coords.).*

PSICOMOTRICIDAD E INTERVENCIÓN EDUCATIVA, *D. Martín Domínguez.*

PSICOPATOLOGÍA EN EL CONTEXTO ESCOLAR, *M.ª del M. Aires, S. Herrero, E. M.ª Padilla y E. M.ª Rubio (coords.).*

RECURSOS FORMATIVOS EN PSICOLOGÍA DE LA EDUCACIÓN, *L. Losada-Puente y M.ª J. Fiuza Asorey.*

RELACIONES INTERPERSONALES EN LA EDUCACIÓN, *M.ª R. Bueno y M. Á. Garrido.*

TDAH Y FUNCIONES EJECUTIVAS, *M.ª I. Gómez León.*

TECNOLOGÍAS PARA LA FORMACIÓN DE EDUCADORES EN LA SOCIEDAD DEL CONOCIMIENTO, *M. Raposo-Rivas y M. Cebrián de la Serna (coords.).*

TECNOLOGÍAS Y PEDAGOGÍA PARA LA ENSEÑANZA STEM, *M.ª P. Prendes Espinosa, I. M.ª Solano Fernández y M.ª del M. Sánchez Vera.*

TEORÍA DE LA EDUCACIÓN, *L. Núñez Cubero y C. Romero Pérez.*

TEORÍA DE LA EDUCACIÓN, *P. Casarres y A. Soriano (coords.).*

TEORÍA Y PRÁCTICA DE LA EXCELENCIA DOCENTE EN EDUCACIÓN INFANTIL. Una mirada compartida entre España y Estados Unidos, *E. González Alfaya, R. Mérida Serrano y J. Rodríguez Carrillo (Coords.).* Edición bilingüe.

TEORÍAS Y PRÁCTICAS EDUCATIVAS CONTEMPORÁNEAS, *E. Torrubia y J. M. Alfonso.*

TRASTORNOS DEL NEURODESARROLLO Y DIFICULTADES EN EL APRENDIZAJE, *R. Lavigne Cerván, G. Rodríguez Infante y J. F. Romero Pérez.*

TUTORÍA Y ORIENTACIÓN EN SECUNDARIA, *J. Álvarez Justel y M. Álvarez González.*

VIVIR LA ESCUELA COMO UN PROYECTO COLECTIVO, *M.ª M. García y M.ª Á. Olivares.*